Barbara Vödisch

Lady Nada - Meditationen der Liebe

DIE WEISSE BRUDERSCHAFT

Smaragd Verlag

Inhalt

Hinweise, Anleitung und Einführung

Liebe Leserin, lieber Leser!

Hier spricht Nada. Ich möchte dich willkommen heißen in dem Reich der Liebe. Ich möchte dich willkommen heißen, die Meditationen der Liebe zu erfahren. Ich möchte dich willkommen heißen, den Meditationen der Liebe so zu begegnen, wie du bist in diesem Moment.

Es ist egal, wo du stehst, woher du kommst, was du bis zu diesem Augenblick an Meditationen gemacht oder nicht gemacht hast. Du bist willkommen so, wie du bist. Und deine Voraussetzungen, der Liebe zu begegnen, sind immer so gut, wie sie besser nicht sein können. Die Welt der Liebe, die Welt uneingeschränkten Seins, ist in Wirklichkeit nichts Neues für dich. Es ist dein zuhause, es ist deine Heimat. Und so sind auch diese Meditationen, die dich zu bedingungsloser Liebe, zu unendlichem göttlichen Sein führen wollen, als Hilfe zu verstehen dich zu dem zu führen, was du schon immer bist. - Bedingungslose, unendliche Liebe, alles und nichts. Und so kannst du nichts falsch machen. Du kannst nichts richtig machen. Du begegnest einfach nur dem, was du schon immer gewesen bist und was du immer bist. - Bedingungslose, unendliche Liebe, jenseits aller menschlichen Verstrickungen, jenseits aller menschlichen Identifizierungen. Liebe, unendliche Liebe.

Spürst du die Sehnsucht deines Herzens, zurückzukehren, dich zu erinnern an diesen Raum bedingungsloser unendlicher Liebe? Spürst du auch manchmal den Schmerz, der in dem Glauben liegt, diesen unendlichen Raum verlassen zu haben und nicht zu wissen, wie du zu ihm zurückkehren kannst? Wisse, dieser unendliche Raum bedingungsloser Liebe ist immer existent und immer vorhanden. Und in diesem Sinne sind die folgenden Meditationen zu verstehen.

Ich möchte dich begleiten, wenn du magst, um dich immer wieder in diesen Raum, in diesen raumlosen Raum unendlicher Liebe, unendlichen Seins zu führen. Diese Meditationen sind Meditationen zu unterschiedlichen Themen. Doch wisse, ihre Essenz und ihre Grundlage sind der Raum und die Energie, wonach du und deine Seele sich immer sehnen, unendliche Liebe, unendliches Sein, alles und nichts. Und so gibt es verschiedene Problematiken, verschiedene Hindernisse in deinem Leben, die du erschaffen hast, um der göttlichen Liebe und deinem göttlichen Sein nicht zu begegnen. Und je nachdem, wie deine Problematiken und deine Ängste aussehen, kannst du ihnen ins Gesicht schauen, kannst du durch sie hindurchgehen, kannst du dich von der Identifizierung mit einer Angst und einem Problem lösen, um dich dem größeren Ganzen und der bedingungslosen Liebe zu öffnen. Es ist gut, wenn du die Sehnsucht, wenn du den Wunsch fühlst, zu unendlicher Liebe zurückzukehren, unendliche Liebe zu sein. Es ist wunderbar, daß du dich erinnerst. Es ist ein wunderbares Geschenk.

Diese Meditationen sind als Hilfe zu verstehen, dich immer wieder an die bedingungslose Liebe, an dieses unendliche Sein zu erinnern.

Verstehe diese Meditationen nicht als wirkliche Arbeit.

Sehe sie spielerisch. Und selbst wenn du sie sehr verbissen und ernst betrachtest - du bist willkommen. Du bist willkommen, so wie du bist, zu diesem Zeitpunkt.

Ob du sehr fortgeschritten in deiner persönlichen und spirituellen Entwicklung bist oder am Anfang stehst, es macht keinen Unterschied.

Egal, wo du stehst, diese Meditationen können dir Hilfe sein, dich an die unendliche, bedingungslose Liebe zu erinnern, sie zu erfahren, in sie einzutreten und all die Hindernisse und Verschleierungen zu überwinden.

Du bist frei, und es ist deine Entscheidung, was du mit diesen Meditationen machst, und dennoch möchte ich dir noch einige Informationen zum Verständnis und zum Umgang mit diesen Meditationen geben.

Diese Meditationen mögen dir lang erscheinen. Diese Meditationen beinhalten sehr viele Worte. Auch Wiederholungen. Sie sind so, wie sie sind, mit der Anzahl, mit der Wiederholung der Worte, oder wie auch immer, eine abgeschlossene, vollendete Symphonie und es ist wichtig, daß du sie als Ganzes siehst. Es ist wichtig, daß du nicht einfach Teile einer Meditation herausgreifst. Natürlich ist es deine Freiheit, diese Meditationen so zu verwenden, wie du es möchtest. Ich weise dich nur darauf hin, daß dann die Wirkung eine andere sein kann. Diese Meditationen arbeiten, wirken mit der Energie ihrer Worte, und die Energie der Worte erschafft einen Raum, einen Raum, der dir helfen kann, dich an die bedingungslose Liebe, an unendliches Sein zu erinnern. Diese Meditationen sind Energieübertragungen durch Worte. Es geht letztendlich nicht nur um die Bilder, die du vielleicht auf deiner Reise hast. Es geht letztendlich nicht darum, etwas richtig oder falsch zu machen. Allein indem du dich öffnest und den Worten der Meditation folgst, wirst du in einen Raum getragen, wird ein Raum, wird eine Energie erschaffen, die dich wie eine Welle mitnimmt.

Es ist ungeheuer wichtig, das bei diesen Meditationen zu beachten. Diese Meditationen wirken über die Energie der Worte, wirken, indem es nichts richtig und nichts falsch zu machen gilt, wirken, indem du einfach bist, indem es nichts zu tun gilt, indem du meinen Worten und ihrer Energie lauschst. Du mußt nicht besonders vorbereitet sein, nicht besonders offen. Du mußt keine besonderen Voraussetzungen mitbringen, nur die Bereitschaft, den Worten und der Energie zu folgen und, soweit es dir möglich ist, dich für sie zu öffnen. Ihr seid in eurem Leben so sehr damit beschäftigt, etwas zu tun. Ihr seid damit beschäftigt, an eurer Weiterentwicklung zu arbeiten. Es ist in euch so tief verankert, daß vieles nur geschieht, indem ihr arbeitet, indem ihr etwas tut. Vieles Wunderbares geschieht aber auch im Geschehenlassen, im Empfangen göttlicher Energie, göttlicher Impulse, die du dann natürlich auch aktiv in deinem Leben umsetzen kannst. Das Fließenlassen göttlicher Liebe, göttlicher Energie, die in deinem konkreten Leben Ausdruck finden kann, die sich durchs Geschehenlassen ausdrückt, ist leicht und mühelos. Allein, indem du immer innerlich oder äußerlich hart arbeitest, kommst du nicht zu dem Ziel, zu dem Wunsch, den letztendlich alle Menschen in sich tragen - zur göttlichen Quelle, zum göttlichen Sein, zur göttlichen Liebe vollkommen zurückzukehren. Und wisse, du bist bereits das, was du dir wünschst zu sein. Du bist bereits göttliche Liebe, göttliches Sein und vollkommen. Es geht nur darum, dich zu erinnern und immer wieder in göttliche Liebe, in göttliches Sein zu vertrauen.

Und noch einmal: Es gibt nichts zu tun. Du kannst hier bei diesen Meditationen überhaupt nichts richtig oder falsch machen. Laß einfach geschehen, entspanne dich und lausche der Energie der Worte.

Es ist wichtig, daß diese Worte, diese Meditationen gesprochen werden.

Die Wirkung ist nicht dieselbe, wenn du einzelne Passagen rausnimmst, deine Augen schließt und in dir mit Bildern arbeitest oder so meditierst. Es gibt viele Meditationen, die so arbeiten und wirken und sehr wertvoll sind. Doch diese Form der Meditation ist eine andere. Und bei diesen Meditationen ist es wichtig, daß du das gesprochene Wort hörst. Es ist wichtig, daß die Meditation und die Worte so gesprochen werden, wie ich sie übermittelt habe, um in der Energie zu bleiben, die wir gemeinsam verfolgen.

Es bleibt dir natürlich jederzeit frei, Passagen herauszunehmen oder auch zu verändern.

Wenn du mir und meinen Worten folgen magst, kannst du die Meditation, die du dir wählst, auf Kassette sprechen. Du kannst sie selbst auf eine Kassette sprechen, oder aber eine Person, die du gerne magst und die eine für dich sehr angenehme warme und liebende Stimme hat, sprechen lassen. Und hierbei ist es wichtig, daß du dich vorher, oder eine andere Person, die die Meditation spricht, entweder mit meiner Energie oder mit der Energie bedingungsloser Liebe und unendlichen Friedens verbindest - damit die Worte so weit möglich aus einem Raum des Friedens und der Liebe kommen.

Du kannst, bevor du die Meditation sprichst, beten und bitten, dich mit der bedingungslosen Liebe zu verbinden, du kannst mich rufen oder wie auch immer eine Form und Unterstützung wählen, die dir hilfreich ist, dich mit einem friedvollen, unendlichen und liebevollen Raum, der letztendlich raumlos ist, zu verbinden.

Spreche die Worte langsam, und soweit es dir möglich ist, in Liebe und Frieden.

Und laß immer wieder Zeiten der Stille, die als solches markiert sind, zwischen verschiedenen Worten, zwischen verschiedenen Anweisungen.

Diese Meditationen sind auch hilfreich in der Arbeit mit Gruppen. Es kann auch jemand diese ganz aktuell vorlesen und anleiten.

Es gibt verschiedene Möglichkeiten, mit diesen Meditationen umzugehen.

Ich freue mich, daß du dich entschlossen hast, daß du vielleicht neugierig bist, den Meditationen Gehör zu schenken, vielleicht jetzt, vielleicht später oder zu einem anderen Zeitpunkt.

Und wenn du während einer Meditation merkst, daß du nicht weiterkommst, daß du verkrampfst, dich in Frage stellst oder was auch immer, erinnere dich daran: Es gibt nichts zu tun. Du bist willkommen, so wie du bist, in diesem Moment. Du bist geliebt. Du bist angenommen. Und es ist alles so, wie es ist, in bester Ordnung.

Meditationen der Liebe. Meditationen, die dich in einen Raum unendlichen Seins führen können, wenn du bereit bist, dich zu erinnern, wenn du dazu bereit bist, den Weg deines Herzens zu gehen.

Ich freue mich über unser gemeinsames Anliegen. Ich freue mich, daß ich dich durch diese Meditationen ein Stück auf deinem Weg zur Erinnerung an deine Existenz in bedingungsloser Liebe führen kann, daß wir gemeinsam eintreten können in einen Raum unendlicher Liebe, und daß du die Hindernisse und den Schmerz deiner menschlichen Identifizierungen und Verstrikkungen überwinden kannst, wenn du eintrittst in den unendlichen Raum göttlicher, bedingungsloser Liebe.

Und nun, da du die Intention dieser Meditationen kennst, wünsche ich dir liebevolle und friedvolle Erfahrungen und unendliches Sein in bedingungsloser Liebe.

Ich segne dich für die Begegnung mit diesen Meditationen mit den Worten:

Es gibt nichts zu tun.
Göttliche Liebe, göttliches Sein sei mit dir.

Deine Existenz in bedingungsloser Liebe

Bedingungslose Liebe erscheint euch oft nur so weit entfernt. Bedingungslose Liebe, unendliches Sein ist eure wahre Essenz. Es ist euch in Wahrheit total vertraut, denn es ist euer wahres Sein. Und dennoch, in dem Bewußtsein eurer menschlichen Identifizierungen ist es schwer für euch, euch daran zu erinnern.

Bedingungslose Liebe ist eine Energie, die in eurem Leben, in eurer Gesellschaft wenig vertreten ist. Es ist für euch oft gar nicht so einfach, bedingungslose Liebe zu leben, bedingungslose Liebe zu sein aus dem Bewußtsein eurer Erfahrungen und Identifizierungen.

Ihr habt gelernt, daß an Liebe Bedingungen geknüpft sind. Ihr kennt viele Aspekte von Liebe, die letztendlich keine wahre bedingungslose Liebe ist. Es gibt so viele Aspekte, wie Besitzenwollen durch Liebe, Abhängigkeit von Liebe, von einem Menschen, Nicht-Lebenkönnen ohne einen anderen und die Tatsache, daß an die Liebe Bedingungen geknüpft sind. In euch existieren so unendlich viele Vorstellungen von Liebe, die letztendlich mit der wirklichen bedingungslosen Liebe nichts gemeinsam haben.

Aber das ist letztendlich nicht schlimm. Das ist ein Ausdruck eures Lebens in der Dualität. Und dennoch gibt es eine Stimme, einen Wunsch, einen Ruf in dir, vollständig angenommen und geliebt zu sein und vollständig anzunehmen und zu lieben, und dich in vollständiger, bedingungsloser Liebe aufzulösen und mit allem, was ist, zu verschmelzen zu reinem unendlichen Sein.

Dieses Sein, dieser Raum, nach dem einige von euch mehr oder weniger Sehnsucht verspüren, ist immer vorhanden, ist immer da und ist deine wahre Essenz.

Und tief in dir, wie in allen anderen Menschen, ist es dein Wunsch, zurückzukehren in dieses Sein unendlicher, bedingungsloser Liebe. Die folgende Meditation will dich erinnern, daß du bereits in vollständiger unendlicher Liebe existierst. Du kennst diesen Raum, den du niemals wirklich verlassen hast. Und wer von euch bewußt schon immer wieder einmal in Kontakt mit der unendlichen bedingungslosen Liebe war und ist, - weiß, daß es wichtig ist, wenn ihr nicht in diesem Sein seid, daß ihr euch nicht dafür verurteilt, wenn immer wieder einmal an eure Liebe Bedingungen und Abhängigkeiten geknüpft sind, wenn ihr euch verstrickt im Netz der Dualität. Es ist so, wie es ist. Du brauchst dich dafür nicht zu richten und zu verurteilen. Ich weiß, daß es oft großen Schmerz verursacht, immer wieder aus diesem göttlichen Sein, göttlicher unendlicher Liebe, herauszufallen und dich dann immer wieder aufs neue zu erinnern.

Für manche von euch ist gerade der Schmerz groß, sich zu erinnern und dann wieder in der

Dualität gefangen zu sein und die Sehnsucht zu fühlen, ganz in den Raum der bedingungslosen Liebe eintreten zu wollen und sie durch den Schleier der Dualität dennoch immer wieder zu verlassen. Es kann manchmal einen größeren Schmerz bedeuten, als sich bewußt fast gar nicht mehr zu erinnern. - Das Leben in der Dualität bedeutet Leiden, bedeutet Gut und Böse, Falsch und Richtig, bedeutet Trennung, wenn du in ihr gefangen bist. Aus dem Sein unendlicher bedingungsloser Liebe ist die Freiheit so groß und unendlich, daß sie auch die Dualität umfaßt und du auch in der Dualität frei bist.

Deine Existenz in bedingungsloser Liebe ist immer und fortwährend. Sie ist nicht getrennt von dir. Sie existiert jetzt und zu jeder anderen Zeit. Du bist göttliches Sein, göttliche Liebe. Du kannst dich dagegen wehren, dich nicht erinnern, oder was auch immer. Doch dagegen, daß deine Essenz alles und nichts und Unendlichkeit ist, kannst du nichts tun. Es ist und bleibt immer und ewig.

Göttliche Liebe, göttliches Sein ist etwas, was du niemals verloren hast. Du hast dich nur nicht erinnert. Du bist dir nur nicht deiner eigenen Göttlichkeit und der unendlichen Liebe gewahr.

Bedingungslose, unendliche Liebe wird mehr und mehr Raum in deinem Leben einnehmen und ein Moment wird dem anderen folgen. Und dann bist du wieder gefangen in deinen Verstrikkungen der Dualität. Und irgendwann wirst du immer erkennen und gewahr werden, daß du in unendlicher Liebe und unendlichem Sein existierst. Das mag jetzt schwierig sein für dich zu begreifen. Du mußt es auch nicht unbedingt begreifen. Es reicht, daß du es hörst. Vielleicht bist du verwirrt, vielleicht auch nicht. Es spielt keine Rolle. Es ändert nichts daran, daß du dein Leben auf Erden lebst und daß dein wahres Zuhause göttliche Liebe, unendliches Sein ist.

Es gibt niemanden unter euch, der dieses Sein nicht kennt. Auch wenn ihr es glaubt, nicht zu kennen.

Es gibt niemanden von euch, der nicht in Wahrheit göttliches Sein ist, egal, wie weit ihr euch entfernt habt, egal, wie weit ihr verirrt und verworren seid. Es gibt etwas, das dir niemals verloren gehen kann, und das ist deine Existenz in unendlicher und bedingungsloser Liebe.

Unendliche, bedingungslose Liebe in allem, was ist, in allem, was existiert, in allem, was ist und sein wird. Hier kannst du nichts mehr manipulieren, hier kannst du nichts erwarten, hier kannst du nichts tun. Hier kannst du einfach nur sein.

Hadere nicht mit dir. Kämpfe nicht. Alles ist so, wie es ist, vollkommen. Auch wenn es dir noch so schwer fällt, dich an diesen unendlichen Raum, an diese Existenz in bedingungsloser Liebe, zu erinnern, Schritt für Schritt. Jeden neuen Tag bedingungslose Liebe in deinem Leben.

Du wirst dich von ihr entfernen. Du wirst dich erinnern. Du wirst dich wieder entfernen. Du wirst zu ihr zurückkehren. Du wirst dich nach ihr sehnen, und du wirst den Schmerz der Trennung fühlen. Und irgendwann wirst du dich für immer erinnern.

Bedingungslose Liebe. (Pause) Erinnere dich nun mit Hilfe der geistigen Welt, mit Hilfe dieser Meditation oder mit Hilfe von was und wem auch immer an deine Existenz in bedingungsloser Liebe.

Meditation zur Erinnerung an deine Existenz in bedingungsloser Liebe

Diese Meditation ist eine Art Energieübertragung durch Worte.

Es geht nicht darum, sie wirklich mit deinem Verstand begreifen zu müssen. Es geht darum, dein Herz zu öffnen, nichts von dir zu verlangen, nichts zu erzwingen und nichts zu verstehen. Öffne dich einfach und höre zu. Es gilt nichts wirklich zu tun. Es geht nicht darum, dich anzustrengen. Es geht nicht darum, alles richtig auszuführen. Laß los und entspanne. (Pause) Öffne dich für meine Worte und für meine Bilder. Und wenn dir das schwerfällt, dann laß auch das los. Es gibt nichts zu tun, es gibt nichts zu erzwingen und nichts zu bewerten. Sei einfach da. Sei da und öffne dein Herz, soweit dir das möglich ist. Und wenn es dir nicht möglich ist, ist auch das in Ordnung.

Egal, was du tust oder nicht tust du bist geliebt, du bist vollkommen und alles ist in wirklich bester Ordnung. (Pause) Laß los und vertraue. Laß los. Es gibt nichts zu tun. (Pause) Du Wesen des Lichts und der Liebe, erkenne, daß Liebe deine wahre Essenz ist. Erkenne und fühle, daß es ein ganzes Universum, eine ganze Welt voller Liebe gibt. Diese Welt der Liebe lebt in dir und in jeder Zelle deines Seins. Du mußt dich nur erinnern.

Erinnere dich an diese leuchtende Quelle bedingungsloser Liebe, an diese leuchtende Quelle bedingungsloser Liebe, die dich glücklich, geborgen und geliebt fühlen läßt.

Es ist nicht mal ein Fühlen dessen. Es ist das Sein, das Existieren in bedingungsloser Liebe. In einem Sein, wo all der Schmerz, all die Traurigkeit und all die Verletzungen deines menschlichen Seins nicht mehr existieren. Du bist frei und unabhängig, denn du existierst und lebst in deiner wahren Essenz, in bedingungsloser Liebe.

Und mit dieser Quelle bedingungsloser Liebe, die all deine Schmerzen und Wunden heilt, die dich geborgen und eins sein läßt, mit dieser Quelle göttlicher Liebe kannst du dich jetzt verbinden.

Und nun fühle die Quelle göttlicher Liebe, die aus dem ursprünglichsten göttlichen Sein erfließt und zu dir strömt durch verschiedene Schichten aus dem Kosmos und die in der Form und in der Energie zu dir fließt, wie sie dir wirklich dient, dir, deiner Seele und deinem allerhöchsten Gut.

Und nun stelle dir vor, wie diese Energie der allerhöchsten göttlichen Liebe genau in dem Maße zu dir kommt, wie es dir zuträglich ist, wie sie sich als ein Strom von oben mehr und mehr dir nähert und dann in einem guten, geeigneten Moment, in dem du ganz offen bist und dich für sie öffnen kannst durch dein Kronenchakra, das sich auch ganz geöffnet hat, einfließt. Und du fühlst, wie du dich mehr und mehr für die göttliche Liebe öffnest, wie dein Körper, dein ganzer Körper, offen wird, um diese göttliche Liebe zu empfangen. (Pause) Göttliche Liebe, - göttliches Sein fließt nun durch dich. Göttliche Liebe, die alles, was nicht von höchstem Licht kommt, erlöst und aus deinem Körper fortspült, verwandelt. Göttliche Liebe, die deine Schmerzen, deine Leiden und deine Wunden heilt, Göttliche Liebe, die Balsam ist für deine Seele (Pause) göttliche Liebe, die nun von deinem Kronenchakra in jede Zelle deines Körpers fließen wird. Göttliche Liebe, die in deine Stirn einströmt. (Pause) Göttliche Liebe, die deinen Körper umhüllt. Göttliche Liebe, die deinen Körper und deine Seele streichelt. Fühle, wie du von göttlicher Liebe umhüllt und durchströmt wirst (Pause) Göttliche Liebe, die in dein Kronenchakra eintritt und durch deinen ganzen Körper fließt und durch deine Füße in die Erde und von dort zurück zu der Quelle göttlichen Seins. (Pause)

Und spüre nun, wie dein Körper ganz von dieser göttlichen Liebe umhüllt ist, wie jede Zelle deines Seins mit göttlicher Liebe gefüllt ist, wie Liebe deinen ganzen Körper durchströmt. (Pause) Laß los, laß all die Widerstände, all den Schmerz und die Tränen gehen. Spüre, daß du geliebt, glücklich und von der höchsten göttlichen Kraft, deinen Engeln und geistigen Führern und Helfern geschützt, geführt und umhüllt bist. Lasse dich fallen in die Energie bedingungsloser Liebe.

Reise nun mit mir in die Welt ohne Schmerz auf die Ebene grenzenloses und bedingungslosen Seins. Gehe mit mir – jetzt. Ich reiche dir die Hand, in diese Welt der bedingungslosen Liebe jenseits der Dualität, wo deine Wunden geheilt, dein Schmerz erlöst sind und deine Seele gestreichelt werden kann, einzutreten. (Pause) Schaue dich um in dieser Welt. Kannst du sie fühlen?

(Pause) Vertraue dich ihr an, vertraue dich dir selbst an und dieser Energie uneingeschränkter Liebe, dieser Energie uneingeschränkten Seins. Und atme mit jedem Atemzug diese Energie in dich ein. Dein Körper dehnt sich aus, wird immer weiter und weiter. (Pause) Deine Energiekörper, deine Aura wachsen und wachsen. Sie sind angefüllt mit Liebe, angefüllt mit göttlichem Sein. (Pause) Laß dich verwöhnen, genieße, laß alles los, was nicht Liebe ist, laß alles los und gehen.

(Pause)

Und wenn du Schmerz und Widerstände spürst, hülle auch sie mit Liebe ein. Kämpfe nicht gegen deine Widerstände, nimm sie einfach in Liebe mit und folge mir. Folge mir in die Welt bedingungsloser Liebe, die letztendlich deine Welt ist, die letztendlich in dir existiert. (Pause)

Liebe (Pause) Liebe (Pause) Liebe (Pause)

Und dann nimm die Stille wahr, die unendliche Stille des Friedens. (Pause)

Stille (Pause) Frieden und bedingungslose Liebe (Pause) Stille (Pause) Liebe und Frieden. (Pause)

Nimm wahr, wie du heimkehrst, wie ein Teil von dir immer in bedingungsloser Liebe existiert. An diesen Ort, in dieses Sein, kannst du zu jeder Zeit zurückkehren. Die bedingungslose Liebe ist immer existent - dieser Raum, diese Existenz in bedingungsloser Liebe. In diesem Sein wird deine Seele von Liebe gestreichelt.

Nimm wahr, wie deine Wunden geheilt werden, denn in diesem Raum existieren keine Wunden, kein Schmerz. Du bist ganz, du bist vollkommen und glücklich. Du kehrst heim zu deiner wahren Essenz, zu deinem wahren Sein, zu diesem Ort, den du nie wirklich verlassen hast. (Pause) Atme ein. (Pause) Fülle dich an mit dieser Liebe. (Pause) Und wieder atme ein und nimm diese göttliche Liebe in dir auf und nimm wahr, wie deine Aura größer und größer, lichter und lichter wird, wenn du dir ihrer und deines Körpers bewußt wirst. (Pause) Und wenn du dich in dem Raum, in der Existenz bedingungsloser Liebe, befindest, vielleicht hast und fühlst du dort keine Form mehr, keinen Körper mehr, vielleicht genießt du einfach nur die Existenz dort, in einem Raum ohne Formen, in einem Raum bedingungsloser Liebe. (Pause) Und du bist frei dort zu sein und zu tun was du willst. (Pause) Du bist frei, das zu erleben, das zu sein, was du willst. Und letztendlich ist es kein Wollen. Es ist Gewahrsein. (Pause) Und nun laß noch mehr und mehr diese Energie der bedingungslosen Liebe durch dein Kronenchakra in deinen Körper hinein bis zu deinen Füßen. (Pause) Und stelle dir dann vor, wie du diese Energie einatmen und wie du dich mit diesem Zustand und dieser Energie der bedingungslosen Liebe ausfüllen kannst. Und wie sie in jede Zelle, in jeden Muskel deines Körpers fließt und wie alles andere, das nicht höchstes göttliches Licht und Sein ist, deinen Körper durch deinen Ausatmen verläßt. (Pause) Und so atme tief deine Erfahrung deiner Reise, deine Erfahrung in bedingungsloser Liebe ein. (Pause) Fühle, wie du dich ausdehnst, wie deine Aura wächst und wächst, wie Liebe aus und durch dich strahlt. (Pause) Einatmen, Aufnehmen von bedingungsloser göttlicher Liebe (Pause) Ausatmen und Loslassen, Loslassen von all dem, was an Schmerz, was an Last sich in dir befindet. (Pause) Ausatmen, Loslassen von all dem, was nicht wirklich zu dir gehört. (Pause) Einatmen - und du nimmst die sanfte Brise und den tiefen Frieden bedingungsloser Liebe in dir auf. (Pause)

Liebe und Frieden strahlen in dir, strahlen durch dich, von jeder Zelle deines Seins in deine Energiefelder, in deine Umgebung und zu all dem, was Liebe benötigt. (Pause) Du bist jetzt ein Kanal für göttliche Liebe. Und fühle nun, wie göttliche Liebe bis in deine Zehen, bis in deine Füße fließt, dein ganzer Körper von ihr ausgefüllt ist und wie du dich in einem Strom göttlicher Liebe befindest, ohne Anfang, ohne Ende, weder im Himmel noch auf der Erde, überall und ununterbrochen, Himmel und Erde vereinigen sich, Liebe durchströmt dich (Pause) Und nun du, der du die Erinnerung und die Erfahrung von bedingungsloser Liebe in dir trägst, du ausgefüllt und erfüllt bist von bedingungsloser göttlicher Liebe, gehe in die Welt und erinnere dich an diese unerschöpfliche Quelle, die dein Zuhause ist, die dich begleitet und beschützt, mit der du jeder Zeit in Verbindung treten kannst. (Pause) Pflanze Liebe in deine Welt, Liebe in dich. (Pause)

Und nun mit diesem Gefühl, mit diesem Gewahrsein uneingeschränkter Liebe kommst du mehr und mehr in deinen Körper und deine Umgebung zurück. (Pause) Nimm wahr, wie Liebe nun deinen Körper ausfüllt, die Energie bedingungsloser Liebe. Nimm wahr, wie nun der Raum, das Haus, in dem du dich befindest, von dieser Liebe erfüllt sind. Laß diese Liebe strömen, wo immer sie gebraucht wird, ohne etwas zu tun. (Pause) Nimm deine Füße wahr, die Erde und all deine Liebe für sie. (Pause)

Dann lasse dir einige Momente Zeit, um zu fühlen, wo du dich befindest und gleichzeitig die Energie der bedingungslosen Liebe in dir zu tragen. (Pause) Gibt es eine Botschaft, ein Symbol, Worte, die du aus dieser Erfahrung mitbringst? Aber suche nicht, nur wenn wirklich etwas für dich da ist: (Pause) Denn diese Energie der bedingungslosen Liebe läßt sich letztendlich nicht in Worte fassen. Sie läßt sich nur erfahren. Es ist reines Sein (Pause). Und dann bewege deine Füße, deine Hände, deine Arme, bewege deinen ganzen

Körper, um wieder anzukommen, (Pause) um lebendig zu sein und die Liebe in dein Leben zu tragen, in dein tägliches Tun an diesem Tag und in diesem Moment. (Pause)

Und nun bist du wieder ganz angekommen. Du bist wach, klar und mit beiden Beinen auf dem Boden im Gewahrsein und in dem Erleben bedingungsloser Liebe auf Erden (Pause) Sei gesegnet mit den Worten: Liebe und Frieden seien mit und in dir.

Liebe und Vergebung

Liebe und Vergebung. Die Energie der Vergebung ist eine enorm wichtige Kraft auf eurem Weg des Herzens. Die Energie der Vergebung löst Schmerzen, löst Verstrickungen, befreit dich vom Gefangensein in der Dualität.

Die Kraft der Vergebung kann Unendliches bewirken. Die Energie der Vergebung kann dir helfen, dich aus Verstrickungen mit einer anderen Person oder Situation zu befreien. Vergebung heißt, Frieden zu schließen mit einer Situation, die dich, wie immer sie aussehen mag, belastet. Und ob du diese Belastung noch unmittelbar spürst oder nicht, sie ist da.

Situationen, Menschen, und auch du selbst bedürfen, wenn ihr in dem Schleier der Dualität gefangen seid, viel öfter der Kraft und der Energie der Vergebung, als du es dir vorstellen kannst. Denn wenn du wirklich genau dein Leben und dich selbst betrachtest, gibt es etliche Situationen, in denen du einen anderen Menschen für schuldig befindest und befunden hast, auch dich selbst oder den Verlauf deines "Schicksals" und selbst dann auch, wenn dir eigentlich bewußt ist, daß Schuld nicht wirklich existiert und nichts und niemand der Vergebung bedarf. Du lebst die meiste Zeit jedoch nicht in dem Bewußtsein der Nichtdualität, wo es Schuld und Vergebung gar nicht mehr gibt. Und so beurteilst und verurteilst du dich und andere viel öfter, als du glaubst, und haderst mit dir, anderen Menschen und Situationen.- Und manchmal sind dies Kleinigkeiten, denen du keine Beachtung schenkst. Auf der Ebene der Dualität, wo du urteilst und wertest, wo du Macht und Ohnmacht, Schuld und Nichtschuld lebst, ist die Kraft der Vergebung unglaublich wichtig, weil sie dir hilft, dich aus Urteil, Wertung und Verstrikkungen zu befreien.

Dir und anderen Menschen zu vergeben ist unglaublich wichtig, ist wichtig, um Frieden in dir zu finden, um dich zu befreien und frei zu sein. Jede Situation, jeder Anteil in dir, mit dem du haderst, mit dem du nicht in Frieden bist und wofür du dir nicht vergeben kannst, erzeugt Schmerz, hält dich in Abhängigkeit und läßt dich nicht frei sein. Du bist bestimmt und geprägt von dieser Situation, von der Beurteilung, von der Schuldzuweisung an diese Situation, diesen Menschen und an dich selbst.

Es hindert dich, frei zu sein, das loszulassen, was gewesen ist, und dich einem neuen Moment zu öffnen. Es hindert dich, göttliche Energie in jeden Aspekt, in jede Zelle deines Seins fließen zu lassen. Es hindert dich, bedingungslose Liebe zu leben, bedingungslose Liebe zu sein. Du verstrickst dich mit Urteil und Wertung und Schuldzuweisungen in dem Schleier eines dunklen Nebels, der zu einer bestimmten Zeit für dich vielleicht notwendig war, doch es ist deine Entscheidung, und es ist Zeit, dir, anderen Menschen, deinem "Schicksal" und wem oder was auch immer zu vergeben. Frieden zu schließen, gehen lassen, was gewesen ist, um dich wirklich dem zu öffnen, was ist, in diesem Moment. Vergebung aus der Tiefe deines Herzens löst noch so schuld- und machtbesetzte Themen auf. Auch wenn du glaubst, du hast niemals bewußt dich oder jemand anderen für schuldig befunden, oder mit dir und Situationen gehadert, - vertraue mir, auch wenn es dir in diesem Moment nicht so bewußt ist, es gibt vieles, worüber du urteilst und geurteilt und das du als Schuld oder Nichtschuld befunden hast und das auf dieser Ebene der Vergebung und der Liebe deines Herzens bedarf.

Vergebung setzt voraus, daß es Dinge gibt, die es zu vergeben gilt, daß es Schuld und Nichtschuld gibt. Und noch einmal: Erkenne, - letztendlich existiert keine Schuld, keine Nichtschuld und auch nicht Vergebung. Nur in der Existenz und in der Sichtweise der Dualität bedarf es der Vergebung, um dich aus ihr zu befreien.

Vergebung ist die Brücke zwischen Dualität und unendlicher, bedingungsloser Liebe.

Vergebung kann dir Hilfe sein, dich aus altem Schmerz und aus alten Belastungen zu befreien.

Vergebe dir und den anderen Menschen in deinem Leben für alles, was der Vergebung bedarf. Das heißt nicht, daß du dich oder jemand anderen erniedrigst, wenn du um Vergebung bittest. Es heißt nicht, dich klein zu machen und wie ein reumütiger Sünder zu sein.

Vergebung ist für viele von euch eine nicht so klare und so vertraute Energie. Vergebung heißt auch, loszulassen von dem, wie du dich oder eine Situation beurteilt hast, heißt loszulassen, von den Bildern und Vorstellungen, mit denen du dich oder jemand anderen identifiziert hast. Und das bedeutet nicht, daß sich der eine dem anderen unterordnen muß, daß du klein wirst, indem du um Vergebung bittest. Es heißt nur, daß du bereit bist, diesen Kampf, diesen Hader aufzugeben, daß du bereit bist, dich an die bedingungslose Liebe zu erinnern, daß du bereit bist, dich aus den Verstrickungen mit dir oder einer anderen Person zu befreien.

Es schafft einen neuen Raum. Es schafft Raum dafür, daß ein wenig mehr bedingungslose göttliche Liebe in dir Platz finden kann. Viele von euch tragen so unendlich viele alte unabgeschlossene Situationen mit sich herum, Vorwürfe, Ärger, Streit, Hader mit sich selbst, mit anderen Menschen und Situationen. Es ist wie ein Müllkorb, eine Sammlung alten Ballastes, und in jede neue Situation, der du begegnest, bringst du diesen Müllhaufen mit und betrachtest diese Situation mit der Last dieser alten, nicht aufgelösten Erfahrungen, mit dem Hader, mit dem

Schuldbewußtsein. Es ist wirklich schwierig, dich so für einen neuen Moment, für jetzt, für das, was wirklich ist, zu öffnen, der göttlichen Stimme, der göttlichen Energie zu folgen. Es gibt keinen Platz, keine Öffnung, keinen Raum, wenn du in Schuldgefühlen, Schuldzuweisungen, Ärger, Hader und aufgelösten Situationen gefangen bist.

Die Energie der Vergebung ist unendlich kraftvoll. Und die folgende Meditation kann für dich sehr wichtig sein, auch wenn du glaubst, daß du und nichts in deinem Leben der Vergebung bedarf.

Es ist euch nicht wirklich bewußt, daß einiges in euch lebt, das unerledigt und von Schuld und Nichtschuld, Urteil und Wertung durchzogen ist und vielleicht deiner Vergebung bedarf.

Und so, wenn du magst, kannst du folgende Meditation einmal ausprobieren, selbst wenn du im ersten Moment vielleicht glaubst, sie nicht zu brauchen.

Wenn du sie wirklich nicht brauchst, wirst du es spüren, auch noch während der Meditation. Vielleicht wirst du überrascht sein, daß Bilder und Situationen in dir auftauchen, an die du nicht mehr gedacht hast und die deiner Vergebung bedürfen, um sich in Frieden aufzulösen, um in Frieden sein zu können. Es geht um deinen Frieden, um deine Freiheit, dir selbst und anderen zu vergeben.

Es ist deine Wahl, ob du dich befreien möchtest, um der göttlichen Stimme, bedingungsloser unendlicher Liebe, Raum zu geben.

Vergebung und bedingungslose Liebe seien mit dir.

Meditation für Liebe und Vergebung

Diese Meditation ist eine Energieübertragung durch Worte.

Es geht nicht darum, sie wirklich mit deinem Verstand begreifen zu müssen. Es geht darum, dein Herz zu öffnen, nichts von dir zu verlangen, nichts zu erzwingen und nichts zu verstehen. Öffne dich einfach und höre zu. Es gilt nichts wirklich zu tun. Es geht nicht darum, dich anzustrengen. Es geht nicht darum, alles richtig auszuführen. Laß los und entspanne. (Pause) Öffne dich für meine Worte und für meine Bilder. Und wenn dir das schwerfällt, dann laß auch das los. Es gibt nichts zu tun, es gibt nichts zu erzwingen und nichts zu bewerten. Sei einfach da. Sei da und öffne dein Herz, soweit dir das möglich ist. Und wenn es dir nicht möglich ist, ist auch das in Ordnung.

Egal, was du tust oder nicht tust, du bist geliebt, du bist vollkommen und alles ist in wirklich bester Ordnung. (Pause) Laß los und vertraue. Laß los. Es gibt nichts zu tun. (Pause) Laß alles von dir gehen.

Laß alles von dir fallen, was nicht von höchstem Licht und höchster Liebe ist. Deine wahre Essenz ist reine göttliche Liebe, an die du dich jetzt erinnerst. Und alles, was nicht wirklich wahr ist, geht jetzt. Du brauchst nichts zu tun, nicht zu denken und zu begreifen. Laß einfach die Worte und die Anweisungen wirken. Lausche meinen Worten und fühle die Energie hinter den Worten. Du brauchst nicht alles wirklich zu verstehen. Du brauchst dich nur zu öffnen, dich öffnen und fallen zu lassen in die Energie der bedingungslosen Liebe. Also laß los. (Pause) Folge deinem Herzen und der Energie der bedingungslosen Liebe. (Pause) Liebe spricht ihre eigene Sprache. Und die Liebe in deinem Herzen umfaßt alles, wirklich alles, was existiert. (Pause)

Und stelle dir nun vor, wie die rosa Energie der bedingungslosen Liebe dich wie einen Mantel umhüllt, wie du sanft gebettet, sanft berührt und sanft geliebt bist von dieser rosaroten Energie. (Pause) Diese rosarote Energie der bedingungslosen Liebe läßt dich beschützt, geliebt und frei sein. Und wisse, daß diese Energie dich, egal welche Bilder und egal welche tiefen Verletzungen du vielleicht gleich sehen und fühlen wirst, unverletzlich und geschützt sein läßt. Und nun nimm ganz deutlich, immer deutlicher diesen rosa Mantel, diese rosafarbene Energie, die dich sanft umhüllt, wahr, (Pause) ihre Kraft und Intensität werden stärker und stärker, sie dehnen sich auch in dir aus, in jeder Zelle deines Seins und in deiner ganzen Umgebung. (Pause) Und aus diesem Bewußtsein, aus diesem Zustand heraus, in dem du sicher, unverletzbar und mit deiner göttlichen Essenz verbunden bist, siehst du dich selbst vor dir erscheinen, in einem Moment und in einer Situation tiefster Verletzung und tiefstem Schmerz. (Pause) Die Situation entfaltet sich vor deinem in-

neren Auge, du siehst und fühlst diese Situation, du siehst den oder die Menschen, durch die du verletzt wurdest. (Pause) Du siehst und fühlst die Situation und du siehst die oder den Menschen, denen du bist jetzt noch nicht vergeben konntest, direkt vor dir.

Du gehst nun mit jeder Zelle deines Seins in diese Situation. Du siehst die Person, die dich verletzt hat, vor dir (Pause) Du fühlst den Schmerz, den Schmerz der Verletzung. (Pause) Du nimmst deine Angst wahr, deine Angst vernichtet zu werden und sterben zu können. (Pause) Spüre den Schmerz, die Wut und die Angst. (Pause) Nimm all die Emotionen wahr, die du in dieser Situation erlebst. (Pause) Wenn du Tränen fühlst, dann lasse sie fließen, wenn du Wut fühlst - lasse sie zu. Was immer du fühlst in dieser Situation, laß die Gefühle fließen. (Pause) Und wenn du bemerkst, du hältst deinen Atem an, und wenn du bemerkst, du steigst immer wieder aus, - lasse los, lasse diese Gefühle fließen. (Pause) Geh durch die Angst und erinnere dich daran, daß du gleichzeitig geliebt, geschützt und umhüllt bist von der rosa Energie der bedingungslosen Liebe. (Pause) Es kann dir nichts passieren. Du bist geliebt und gehalten. *Du kannst auch deine geistigen Führer und Helfer bitten, dich an die Hand zu nehmen, um in dieser Situation, in der du starke Verletzungen erfahren hast, deine Gefühle fließen zu lassen.*

Wo ist deine Angst? (Pause) Spüre sie. (Pause) Wie immer dein Gefühl aussehen mag, nimm es wahr. (Pause) Und dann, aus der Gewißheit heraus, vollkommen und geliebt zu sein, mit der Gewißheit, daß dir nichts passieren kann, mit der Gewißheit, daß du frei, vollständig und geliebt bist, laufe nicht weg, tue das, lasse zu, lasse deinen Impuls zu, den du nicht ausführtest, dem du nicht nachgingst, aus deiner Angst heraus.

Und laß zu, zu sehen: Wovor hattest du Angst? Hattest du Angst, zu sterben? Hattest du Angst, nicht mehr geliebt zu werden? Hattest du Angst, zu zerbrechen? Hattest du Angst, verletzt zu werden und die Verletzung zu spüren? (Pause) Und wenn du deine Angst wirklich fühlst, schau dein Gegenüber an, mit all den Gefühlen die in dir leben, egal wo du bist, egal wo du stehst (Pause) stell dir vor, wie du dein Gegenüber und auch dich selbst um Verzeihung bittest, um Vergebung für den Schmerz, den du dir durch eine andere Person zugeführt hast. Vergebe dir und vergebe deinem Gegenüber. (Pause) Es gibt keine Schuld. Es gibt kein Falsch und kein Richtig. Es gibt kein Besser und kein Schlechter. Es gibt nur Liebe, in der alles so sein kann und darf, wie es ist.

Vergebe dir selbst und vergebe der Person, die dir Schmerz zugeführt hat. (Pause) Und spüre die Gnade, die darin liegt, daß du vergeben kannst. (Pause) Spüre all die Liebe, die in dir lebt.

Spüre all die Liebe, die erkennt und fühlt, daß alles seinen Sinn hatte, so wie es war. (Pause) Spüre die Liebe, die in dir lebt, die so tief ist, daß du sie einfach fließen läßt, die so tief ist, daß sie einfach nur ist, die dir Vergebung und Auflösung deiner Schmerzen ermöglicht. (Pause) Und spüre jetzt, wie in der Vergebung und in der tiefen Liebe zu dir selbst und deinem Gegenüber deine Heilung liegt.

Laß die Liebe fließen jetzt in diesem Moment. Laß sie fließen durch dich, durch dein Gegenüber in einem einzigen Kreislauf. (Pause) Laß sie fließen von Herz zu Herz und wieder zurück. (Pause) Laß sie fließen durch dich. Und laß sie fließen durch dein Gegenüber. Friede und Liebe durchströmen euch beide. (Pause) Alles, was war, ist aufgelöst. Jetzt, in diesem Moment. Alles, was war, ist frei, jetzt in diesem Moment. (Pause) Dein Schmerz ist erlöst. Diese Erfahrung hat nie wirklich existiert.

In Wahrheit bist du nichts und alles. In Wahrheit bist du Liebe. In Wahrheit bist du frei. (Pause) Doch auf der Ebene der Dualität ist es wichtig, daß du all die Verletzungen, die dir widerfahren sind, befreist, (Pause) daß du dir und den anderen Menschen vergibst, daß du um die Gnade und um die Liebe bittest, um in Frieden mit dir selbst und mit der anderen Person zu sein, die nur ein Spiegel deiner Selbst ist. (Pause) Und nun sieh eine weitere Situation, in der du verwundet worden bist, in *der du dich verwundet und verletzt gefühlt hast. (Pause) Und auch hier laß wieder deinen Schmerz, deine Angst und die Gefühle deiner Verletzung zu. (Pause) Laß sie aufsteigen in dir, laß sie fließen, laß sie einen Ausdruck finden.*

Laß sie kommen, damit sie dich endlich verlassen können.

Nimm einige tiefe Atemzüge, um noch tiefer in deine Angst, in deine Traurigkeit, in deine Verletzungen oder in was auch immer zu gehen. (Pause) Laß die Tränen fließen, wenn sie fließen möchten, laß die Wut da sein, sich ausdrücken, wenn sie sich ausdrücken möchte, (Pause) laß die Angst stärker werden, und erkenne gleichzeitig, du bist immer gehalten und geliebt. Es kann dir nichts passieren. (Pause) Bleibe so lange in dem Gefühl, wie es für dich wichtig ist, bis es wieder gehen kann. Lauf nicht davon. Es ist jetzt Zeit, diese Gefühle fließen zu lassen, um der Wahrheit, der bedingungslosen Liebe zu begegnen. (Pause) Scharen von Engeln und geistigen Helfern sind um dich herum, um dich zu unterstützen, um dich in Liebe zu halten. Es kann nichts passieren. Du bist nicht allein. Du bist geliebt und deine Essenz ist Liebe und unzerstörbar. (Pause) Und dann lasse dieses Gefühl der Liebe, der bedingungslosen Liebe, in dir aufsteigen, ohne irgendetwas erzwingen zu müssen. (Pause) Fühle die Liebe in dir, um dich herum. (Pause) Und dann sieh wieder dich und den Menschen, der dich verletzt hat und den du vielleicht auch verletzt hast, und dann bitte wieder dich und diese Person um Vergebung, um Vergebung für all das, was passierte, um Vergebung für das, was diese Person dir entgegenbrachte und du ihr. (Pause)

Bitte um Vergebung für diese Situation, die du erschaffen hast, für den Schmerz, den du dir selbst und den du dir durch diese andere Person zugefügt hast. Es gibt und gab keine Schuld, und trotzdem bittest du um Vergebung. Und wenn du diese Energie der Vergebung und Liebe fühlst, bleib in ihr. Sei in Liebe (Pause) Schau, welche Impulse du erhältst. (Pause) Und fühle die bedingungslose Liebe, durch die du mit dieser Person, wie sehr sie dich auch verletzt hat, verbunden bist. Fühle die Liebe und die Befreiung. (Pause) Atme ein, atme noch tiefer die Liebe und die Befreiung ein, die durch Vergebung entsteht, in der du dich durch Vergebung befindest. (Pause) Und wenn es dir bis jetzt nicht möglich war, in ein Gefühl bedingungsloser Liebe einzutreten, wenn du Widerstände spürtest, zu vergeben und zu verzeihen, dann gehe in diese Wut, in das Gefühl, nicht vergeben zu können, hinein, und spüre den Schmerz, die Wunde, die dich dieses Nicht-vergeben-können kostet, dieses Leiden, das du aufrechterhältst, indem du Recht haben willst, indem du darauf bestehst, daß der andere schlecht ist und du sein Opfer bist. (Pause)

Spüre den Schmerz, den Schmerz, wenn du nicht vergeben willst. Lasse dich in diesen Schmerz fallen und spüre, je mehr du den

Schmerz, der hinter deiner Wut ist, fühlst, wie du demütig wirst, wie du um Liebe und um Hilfe bittest. (Pause) Fühle, wie dich dein Schmerz nach Liebe betteln läßt, wie dich dein Schmerz deiner Sehnsucht nach Liebe bewußt werden läßt. Und nun spüre, wie weit du gegangen bist, um die Liebe in dir zu verleugnen. (Pause) Bitte um Liebe und Vergebung für dich selbst. Dann kannst und wirst du auch deinem Gegenüber vergeben. Versuche nicht zu verstehen, was ich sage. Du brauchst es nicht wirklich zu verstehen. Folge meinen Worten, meinen Worten und deinem Herzen. Bitte um Vergebung. (Pause) Bitte demütig um Liebe. (Pause)

Und erinnere dich jetzt, daß du schon immer Liebe warst, Liebe bist und Liebe sein wirst. Du und alles, was existiert. Laß Liebe, Tränen, Vergebung und was auch immer da sein mag, zu. (Pause) Und genieße, wie du durch Liebe größer und weiter wirst. (Pause) Atme Liebe ein und aus. Liebe zu dir und zu den anderen Menschen. Fühle und nimm wahr, wie du in Liebe eins bist mit allem, was existiert, wie in der Energie der Liebe und der Vergebung du und dein Gegenüber, dein von dir erwählter Täter, eins seid. Es gibt keine Trennung. Wir existieren alle zusammen in bedingungsloser Liebe. (Pause) Fühle, wie deine Grenzen, dein Körper sich erweitern, wie diese Liebe alle Grenzen sprengt. (Pause) In der Liebe existiert alles und nichts. (Pause) Du bist frei. Gib dich dieser Freiheit und dieser Liebe hin. Gib dich der Liebe hin und fühle, wie du immer freier und weiter wirst. (Pause) Fühle, wie du alles und nichts und Stille bist. Trete ein in die unglaubliche Stille, in die unglaubliche Stille bedingungsloser Liebe. (Pause) Und nun hole alle Menschen, die in deinem Leben von Bedeutung sind und waren, vor dein inneres Auge (Pause) und sieh, wie ihr euch an den Händen faßt, wie ihr in einem großen Kreis steht und die Energie der Liebe von eurem Herz und von dort weiter in den anderen Arm, in die Hand zu eurem Nachbarn fließt (Pause) und wie ein unendlicher Strom bedingungsloser Liebe in euren Händen, Armen, durch euer Herz und von dort wieder weiterfließt, so daß alle eure Herzen durch die Energie der Liebe miteinander verbunden sind.

Und nimm jetzt wahr, wie sich dieser Kreis vergrößert, wie immer mehr Menschen in diesen Kreis eintreten und sich die Hände reichen. Dieser Kreis umfaßt jetzt auch die Menschen in deinem Ort, wird größer und größer und umfaßt die Menschen in deinem weiteren Umkreis, in deinem Bundesland, in deinem Land. (Pause) Und sieh, wie immer mehr Menschen sich die Hände reichen und über die Energie der bedingungslosen Liebe verbunden sind. Es kommen immer mehr Menschen aller Länder hinzu. (Pause) Laß die Liebe von euren Herzen und durch eure Hände fließen, sich weiter ausbreiten, bis alle Menschen dieser Welt in diesem Kreis ohne Anfang, ohne Ende in bedingungsloser Liebe sind. (Pause) Alle Menschen dieser Welt stehen mit ihren Füßen auf der Erde, reichen sich die Hände in einem großen, nicht endenden Kreis bedingungsloser Liebe. (Pause) Sie lösen sich auf und werden eins in bedingungsloser Liebe. (Pause) Und spüre, wie du ein Teil dieser Menschheit bist und wie du und alles, was existiert, sich in der bedingungslosen Liebe auflösen. (Pause) Liebe, Liebe durchströmt dich. (Pause) Liebe durchströmt alle Menschen auf der Erde. Und nimm wahr, wie sich die Liebe aller Menschen auf der Erde, die sich vereinigt haben, in alle Universen, in alles, was existiert, ausdehnt.

Ein Sein in Liebe. (Pause) Liebe, die du bist, jetzt. (Pause)

Liebe (Pause) Liebe (Pause) Liebe (Pause)

Liebe und Vergebung trägst du jetzt in deine Welt.

Liebe - Bleibe in dieser Energie, in diesem Sein und trage sie fortan immer wieder in deine Welt. Du bist Liebe, und das ist alles, was ist. (Pause) Du brauchst das, was ist, das, was geschieht, nicht unbedingt verstehen. Dein Herz, dein Herz zeigt dir den Weg.

Und nun trägst du Liebe, Vergebung und Stille in dir, in deine Welt und für all deine Menschlichkeit und für alles, was ist. (Pause) Du bist gesegnet und geliebt in Liebe.

Abhängigkeiten in Beziehungen

Ihr habt eine Menge Vorstellungen, jeder auf seine Art und Weise, wie Beziehungen zu Menschen auszusehen haben. Ihr habt oft bestimmte Erwartungen. Es ist wie eine eigene Sprache, eine Welt, die aufgeteilt ist in das, was für dich Liebe und Zuneigung bedeutet und was nicht. Dieser Blickwinkel ist oft sehr begrenzt, und durch deine Vorstellungen bist du gefangen, gefangen, weil du nicht deinen wahren Impulsen nachgehst, weil du durch ein Sieb der Bewertung Dinge tust und von anderen erwartest, die nicht deinem wirklichen Fluß entsprechen. Du erwartest vielleicht, daß wenn dich jemand liebt oder wenn jemand in Beziehung zu dir steht, diese Person immer Zeit für dich hat. Wenn es eine Liebesbeziehung ist, erwartest du vielleicht, Blumen geschenkt zu bekommen. Es gibt so vieles, was du in Beziehungen erwartest und was du nicht erwartest und das dich und den anderen Menschen nicht frei sein läßt. Vielleicht denkst du, daß es ein intensives Gefühl von Liebe ist, ohne eine andere Person nicht mehr weiterleben zu können. Ich sage, es ist Abhängigkeit.

Natürlich kann es trotzdem in dieser Beziehung Aspekte geben, die reine wahre Liebe sind, doch dieser Aspekt, der glaubt, ohne den anderen Menschen nicht leben zu können, ist Abhängigkeit. Das entsteht aus dem Glauben, daß du selbst nicht vollkommen bist und daß du nur durch die Ergänzung durch einen anderen Menschen vollständig bist und leben kannst. Dieser Aspekt bedeutet Abhängigkeit, was nicht heißen muß, wie ich schon sagte, daß es in dieser Beziehung nicht auch überwiegende Aspekte reiner, unendlicher Liebe gibt.

Abhängigkeiten in Beziehungen können so vielfältig sein. - Abhängig von der Meinung einer anderen Person, so daß du dich selbst verlierst und nicht mehr weißt, wer du selbst bist. - Abhängig von einer anderen Person, geliebt zu werden und Angst zu haben, wenn du dich selbst, dein Sein, deine Meinung in vielen oder vielleicht nur in manchen Punkten vertrittst, abgelehnt und nicht mehr geliebt zu werden. Und so verleugnest du dich und bist abhängig von der Liebe und dem Wohlwollen einer anderen Person. Du glaubst, daß du abhängig bist und daß das Liebe ist und du geliebt wirst, wenn du dich so oder so verhältst. Und was ist mit der Anerkennung, mit der Liebe deiner Eltern, für die du vielleicht noch unbewußt alles tust? Viele von euch, auch wenn es nicht immer um die direkte Anerkennung eurer Eltern geht, suchen auf indirektem Wege in der Übertragung auf andere Personen wieder nach der Anerkennung ihrer Eltern, die ihr euch gewünscht und erwartet und die ihr vielleicht niemals bekommen habt.

Abhängigkeiten. Abhängigkeit von deiner Vorstellung, nur auf eine bestimmte Art und Weise geliebt und anerkannt zu werden. Letztendlich bist du es, der dich in Abhängigkeit hält, letztendlich bist du es, der sich verkauft, um Liebe und Anerkennung zu erhalten.

Auch wenn es an dieser Stelle hart klingen mag, es ist so, daß ihr euch immer wieder verleugnet, weil ihr glaubt, von der Liebe und der Anerkennung einer anderen Person abhängig zu sein. Es ist vollkommen menschlich. Doch in Wahrheit bist du selbst Liebe, und Liebe ist in allem, was ist, auch in dem, wofür du glaubst, nicht geliebt zu werden.

Wenn du mit der Quelle unendlichen göttlichen Seins verbunden bist, existierst du in einem Sein, in dem alles Liebe und nichts getrennt voneinander ist.

Du bist Liebe, und es bedarf nicht dieses oder jenen Verhaltens, um geliebt zu werden. Du überlebst all dies, überlebst die Angst, wenn du ohne eine bestimmte Person glaubst nicht leben zu können.

Du überlebst die Angst, wenn du glaubst, dich von jemandem nicht trennen zu können, weil es vielleicht die andere Person nicht zu überleben scheint.

Du überlebst die Angst, alte Wege zu verlassen, alten Schmerz zurückzulassen.

Du überlebst die Angst, dich in Freiheit vielleicht verloren und einsam fühlen zu können.

Du überlebst die Angst, daß dich niemand lieben könnte und die ganze Welt über dich lacht.

Du überlebst die Angst, abgelehnt zu werden, oder daß dir körperlicher oder seelischer Schmerz zugefügt werden könnte.

Du überlebst all dies, denn deine wahre Essenz ist Liebe und unsterblich. Letztendlich weißt du, daß du und deine Seele immerwährend sind und ewig bestehen, wenn du über den Horizont deiner Angst hinausschaust.

Doch im Bereich deiner Ängste glaubst du, Verschiedenes nicht lassen, verlassen, loslassen zu können, abhängig zu sein - und hier meine ich nicht nur die Abhängigkeit von Suchtmitteln oder eine starke offensichtliche Abhängigkeit von Menschen. Die Abhängigkeit, die ich meine, existiert auch in kleinen Bereichen, indem du dich nur mit Teilen deiner Selbst identifizierst. Abhängigkeit besteht auch in einem eingeschränkten Blickwinkel, in Wertungen, auf die du dich beziehst, von denen du abhängig bist, weil sie für dich mehr Wert haben als andere. Das mag mehr oder weniger schwer zu begreifen sein. Es gibt so viele kleine Fallen der Abhängigkeit, wo du dich selbst vergißt und verleugnest und auch verleugnest, daß du reine Liebe bist. Es gilt, dich zu erinnern. Es gilt, dich von deinen Abhängigkeiten zu befreien, die dich in der Dualität gefangen halten, die dir vorspielen, daß irgend etwas wichtiger und besser ist als irgend etwas anderes, und das entspricht nicht der Wahrheit. Alles, was ist, ist göttlich und bedingungslose Liebe.

Sei mutig und vertraue auf göttliche Energie und bedingungslose Liebe. Abhängigkeiten, von denen du dich befreist, führen dich in einen neuen Raum. Und wenn du den Mut hast, das Alte, Bekannte zu verlassen und einen neuen Raum zu betreten, wird alles und nichts zu dir fließen, denn du beschränkst dich nicht mehr auf das eine, von dem du abhängig bist und durch das du alles andere, was ist, ausschließt.

Befreiung von Abhängigkeit heißt auch, dir viele neue Möglichkeiten zu erschaffen, heißt, dich zu öffnen für Dinge, die dir durch deine Abhängigkeit verschlossen waren, heißt, dich für Menschen, für neue Situationen und für göttliche Impulse zu öffnen, die durch deinen verengten Blickwinkel nicht mehr möglich waren. Habe den Mut, der oder die zu sein, der oder die du bist. Frei und unabhängig.

Habe den Mut, deine Wege zu gehen und frei der göttlichen Stimme und göttlichen Impulsen zu folgen. Wenn du dich von Abhängigkeiten befreist, auch von Abhängigkeiten in Beziehungen, heißt es nicht, daß du für immer allein sein wirst. Es bedeutet nur, daß du in Kontakt und in Beziehung bist mit der Freiheit, der oder die zu sein, der oder die du bist.- Und auch andere so zu lieben, so sein zu lassen, wie sie sind. Es geht dir nichts wirklich verloren. Es eröffnet sich dir unendlich viel.

Wirkliche Begegnungen, Begegnungen in Wahrheit und Liebe, können stattfinden, Freude, - Frieden, - Liebe.

Liebe und Beziehungen ohne Abhängigkeit.

Das gilt auch für Suchtmittel, die im Prinzip mit der Abhängigkeit in einer Beziehung zu einem Menschen zu vergleichen ist. Du bist mit diesem Suchtmittel in Beziehung getreten, und auch du glaubst, ohne dieses nicht leben oder nicht so gut leben zu können. Und du irrst.

Im Bereich deiner Ängste ist der Glaube, ohne einen Menschen, ohne eine bestimmte Verhaltensweise, eine bestimmte Art von Beziehung, ohne ein Suchtmittel oder was auch immer nicht leben oder nicht so gut leben zu können, Wahrheit. Es erscheint wahr. Im Bereich deiner Ängste ist das die Welt, die existiert. Doch immer wieder, du bist mehr als deine Angst.

Ein Teil von dir hat wirklich Angst. Doch du bist viel, viel mehr. Wenn du dich komplett mit deiner Angst identifizierst und ihr mit und in allem Glauben schenkst, dann bist du gefangen in Abhängigkeit. Dann scheint es wahr, daß du ohne diesen Menschen, ohne diese Art von Beziehung, ohne diese Art zu sein, ohne dieses Suchtmittel, nicht mehr oder schlechter leben kannst. Du bildest dir das nicht ein. Auf dieser Ebene ist das Realität, wenn du dich ganz mit deiner Angst identifizierst. Je mehr du dich anderen Aspekten, vor allem der Liebe und dem Vertrauen in die göttliche Kraft, hingibst, wird deine

Angst einen anderen Stellenwert bekommen, und du wirst dich trotz deiner Angst befreien, weil du erkennst, daß du letztendlich frei bist und deine Angst es ist, die dich gefangen und abhängig halten will. Die Angst macht einfach nur ihren Job. Sie macht einfach ihre Arbeit. Du kannst dich entscheiden, ob du dich befreien, oder ob du in Abhängigkeit bleiben willst. Es ist deine Wahl in diesem Moment, oder auch im nächsten Moment, wann immer du dazu bereit bist.

Habe den Mut, die alten vertrauten Wege der Abhängigkeit zu verlassen und öffne dich einem neuen Moment, einem neuen Raum jenseits deiner Abhängigkeiten, so daß du der sein kannst, der du bist. Jetzt und für alle Zeit.

Meditation zur Befreiung deiner Abhängigkeiten in Beziehungen

Diese Meditation ist eine Energieübertragung durch Worte.

Es geht nicht darum, sie wirklich mit deinem Verstand begreifen zu müssen. Es geht darum, dein Herz zu öffnen, nichts von dir zu verlangen, nichts zu erzwingen und nichts zu verstehen. Öffne dich einfach und höre zu. Es gilt nichts wirklich zu tun. Es geht nicht darum, dich anzustrengen. Es geht nicht darum, alles richtig auszuführen. Laß los und entspanne. (Pause) Öffne dich für meine Worte und für meine Bilder. Und wenn dir das schwerfällt, dann laß auch das los. Es gibt nichts zu tun, es gibt nichts zu erzwingen und nichts zu bewerten. Sei einfach da. (Pause) Sei da und öffne dein Herz, soweit dir das möglich ist. Und wenn es dir nicht möglich ist, ist auch das in Ordnung.

Egal, was du tust oder nicht tust, du bist geliebt, du bist vollkommen und alles ist in wirklich bester Ordnung. (Pause) Laß los und vertraue. Laß los. Es gibt nichts zu tun. (Pause) Du bist frei. Deine Seele ist frei. In der Energie der bedingungslosen Liebe existieren keine Abhängigkeiten, keine Grenzen. In der Energie der bedingungslosen Liebe bist du so, wie du bist, geliebt und willkommen, vollkommen. In der Energie der bedingungslosen Liebe mußt du nichts tun, nichts erfüllen, um geliebt zu sein und geliebt zu werden. Du gehst in dieser Meditation auf eine Reise, um deine Abhängigkeiten zu lösen, um dich zu befreien. (Pause) Und wieder einmal lasse los. Lasse los und lasse all das gehen, das dich belastet, das dich gefangen hält und das dich hindert, frei zu sein. Laß mit jedem Atemzug Anspannungen, belastende Gedanken und was immer sich in dir und deinem Körper befindet, gehen. Lasse los mit jedem Ausatmen. Deine Muskeln entspannen sich, dein Körper und deine Seele werden frei. (Pause) Laß mit jedem Atemzug, mit jedem Ausatmen das los, was dir nicht dient. (Pause) Und nun, wenn du entspannt bist, laß den Menschen vor deinem inneren Auge erscheinen, zu dem und mit dem du in Abhängigkeit stehst, in Abhängigkeit verbunden bist. Denke nicht darüber nach. Laß einfach den Menschen, laß das Wesen erscheinen, das erscheinen will. Es mag eine Person sein, die du sehr liebst und wo du Widerstände spürst, deine Abhängigkeiten anschauen und wahrnehmen zu wollen. Laß los, laß die Person, das Wesen da sein, das erscheinen soll.

Mach dir keine Sorgen, hab keine Angst. Es hat alles seinen Sinn.

Laß sie da sein. Es wird nichts passieren. Es wird nichts sein, was dir nicht wirklich dient, denn du bist geschützt und begleitet von der Energie göttlicher Liebe, von der Energie göttlicher Weisheit, die in diesem und jedem anderen Moment bei dir ist.

Laß los und vertraue und sieh den Menschen weiterhin vor dir, mit dem du dich in Abhängigkeit befindest. (Pause) Und fühle nun die Bande, die euch verbinden. (Pause) Nimm die Gefühle wahr, die das Band zwischen euch bilden. Nimm wahr, ist es Liebe, die euch verbindet? Ist es Haß? Ist es Konkurrenz? Ist es ein Gefühl, ohne den anderen nicht existieren, nicht überleben zu können?

Schau dir eure Bindung an. (Pause) Nimm dein Gefühl wahr (Pause) und laß jetzt all die Bilder und all die Informationen, die in Verbindung mit deiner Abhängigkeit zu diesem Wesen stehen, erscheinen. (Pause) Nimm die Hinweise auf. Nimm deine Gefühle wahr und gehe in diese Verbindung, wie immer dieses Band eurer Abhängigkeit aussehen mag, hinein. Fühle diese Abhängigkeit. (Pause) Und dann laß einmal die Vorstellung zu, wovor du Angst hast, wenn du diese Abhängigkeit gehen läßt. Wovor du Angst hast, wenn du dieses Band der Abhängigkeiten durchschneiden würdest? (Pause) Wovor du Angst hast, wenn du dir vorstellst, du und diese Person,- ihr wäret frei. Ihr wäret frei und nur über die Energie der bedingungslosen Liebe, die nichts mit einer irdischen abhängigen Art der Liebe zu tun hat, verbunden. (Pause) Nimm wahr, was dich hindert, nimm wahr, wovor du Angst hast, wenn du diese Person und diesen Aspekt eurer Abhängigkeit und vor allen Dingen, dich selbst zu befreien, loslösen würdest. (Pause) Und dann nimm all die Gefühle wahr, die dich mit dieser Person verbinden, (Pause) Aspekte, die frei sind, (Pause) und Aspekte eurer selbst und eurer Verbindung, die abhängig sind. (Pause) Nimm nun wahr, was du glaubst, durch diese Abhängigkeit zu bekommen: Was glaubst du, was dir die Abhängigkeit schenkt? Du glaubst vielleicht durch diese Abhängigkeiten etwas zu gewinnen. Was ist es, das du glaubst, durch diese Abhängigkeiten zu erhalten? (Pause) Was glaubst zu verlieren, wenn du diese Abhängigkeiten und dieses Band durchtrennst? (Pause) Erinnere dich nun: Friede und Liebe sind in dir. Du bist vollkommen. Du bist geliebt und geführt. (Pause) Wisse, auf genau dieser Ebene kannst du nichts wirklich verlieren. (Pause) Nur auf der Ebene der Abhängigkeit existieren Schmerz und Angst vor Verlust.

Ich versichere dir an dieser Stelle, was du sicherlich schon oft erfahren hast, wenn du deine Abhängigkeiten und deine Verwicklungen losläßt, wirst du freier und freier und du kannst der wirklichen Liebe, der bedingungslosen Liebe, begegnen. (Pause) Und auf der Ebene der Dualität ist es erst einmal, als würdest du etwas verlieren. Jedoch für all das, was du losläßt, was dir, deiner Freiheit und deiner Seele nicht wirklich dient, wirst du um ein Vielfaches bereichert, um ein Vielfaches belohnt, (Pause) denn du näherst dich der göttlichen und der bedingungslosen Liebe.

Du näherst dich deiner Heimkehr zu dem Göttlichen in dir und der göttlichen Essenz. (Pause) Und zu diesem Nektar, zu dieser Energie, zurückzukehren ist mit nichts sonst, was in eurer Welt existiert, zu vergleichen und zu bezahlen. Deine Seele sehnt sich danach, zurückzukehren, sehnt sich danach, sich von den Abhängigkeiten der dualen Welt zu befreien. (Pause) Auch wenn du gerade bemerkst, daß du dich arrangiert hast, mit deiner Abhängigkeit gut leben kannst, und es dir keinen offensichtlichen Schmerz bereitet, abhängig zu sein,- selbst dann ist es notwendig, loszulassen, wenn du zu dir und der göttlichen Quelle zurückkehren möchtest. (Pause) Und mit diesem Wissen, mit deiner Sehnsucht zur göttlichen Essenz zurückzukehren, mache dir deutlich, daß dich diese Abhängigkeiten binden, daß dich diese Abhängigkeiten hindern, mehr und mehr und irgendwann dann gänzlich im Bewußtsein der göttlichen Quelle zu leben. (Pause) Und nun entscheide und spüre selbst, ob du dich befreien möchtest von deiner Abhängigkeit zu dieser Person, die du vor deinem inneren Auge siehst und gesehen hast.

Ich meine damit nicht, daß die Bande, die wirkliche Liebe sind, durchtrennt werden müssen. Die Anteile in eurem Kontakt, in eurer Verbindung, die wirkliche, bedingungslose Liebe sind, lassen sich nicht zerstören. Sie sind vollkommen. Jedoch die Anteile, die dich und diese Person in Abhängigkeit und in Leiden halten, auch wenn dir dieses Leiden nicht wirklich bewußt ist, sind notwendig zu befreien und loszulassen. Es muß nicht das Ende eures Kontakts bedeuten, wenn es nicht ausdrücklich wirklich für dich stimmt. Es kann sein, daß du diese Person sehr liebst und vieles in eurem Kontakt für dich bereichernd und schön ist. Es gilt loszulassen von den Abhängigkeiten. (Pause) Und nun nimm wieder diese Abhängigkeit wahr, (Pause) dein Gefühl der Abhängigkeit (Pause) und was du glaubst aus dieser Abhängigkeit zu gewinnen. (Pause) Nimm diese Gefühle wahr. Laß sie intensiver werden, laß sie einen Moment in dir leben. (Pause) Und dann nimm jetzt mehr und mehr die Angst wahr, die du hast, wenn du dir vorstellst, diese Abhängigkeiten zu durchbrechen. (Pause) Geh in diese Angst. (Pause) Hast du Angst, verletzt zu werden? Hast du Angst, die andere Person zu verletzen? Hast du Angst, nicht überleben zu können? Hast du Angst, nicht mehr geliebt zu werden? (Pause) Hast du Angst, daß die andere Person ohne eure Abhängigkeit leidet, und hast du Angst, sie zu zerstören? Hast du Angst, diese Person zu verlieren? (Pause) Geh in diese Angst spüre sie, nimm sie in deinem Körper wahr. (Pause) Frage dich jetzt, ob du bereit bist, durch die Angst zu gehen. (Pause) Nimm deine Widerstände wahr, wenn du glaubst, dich nicht dafür entscheiden zu können. (Pause) Selbst wenn du dich nicht entscheiden kannst, diese Abhängigkeiten zu durchtrennen:

Bleibe dabei und spreche meine Worte und Anweisungen, soweit es dir möglich ist, nach: Ich will frei sein. Ich will der Sehnsucht meines Herzens nach "zu Hause" folgen.

(Pause)

Ich will frei sein, um der/ die zu sein, der/die ich bin.

Ich will frei sein, um in Liebe zu existieren, in unendlicher Liebe, in der alles existiert, was ist.

Ich will frei sein, um zurückzukehren zur göttlichen Quelle. Ich will frei sein. Ich will meine göttliche Aufgabe auf Erden annehmen. (Pause) Und jetzt, je klarer und entschlossener du bist, desto leichter ist es, diese Fesseln und Bänder zu durchtrennen. Und wir rufen hierzu ganz bewußt deine geistigen Lehrer und Führer und die Wesen des höchsten göttlichen Lichts, um dir zu helfen, dich von deinen Abhängigkeiten zu dieser Person zu befreien, dich zu befreien von den Banden, die dich gefangen halten, von den Banden, die dich hindern, dein göttliches Selbst zu leben.

Und dazu siehst du nun den Menschen, zu dem Abhängigkeiten bestehen, vor dir stehen und du siehst und fühlst die energetischen Bande, die euch verbinden, die euch in Abhängigkeit halten. (Pause) Vielleicht kannst du diese Energielinien wirklich sehen, wie sie von dir zu der anderen Person und umgekehrt laufen. (Pause) Wenn dir dies nicht möglich ist, ist das überhaupt kein Problem. Das, was du gleich zur Befreiung deiner Abhängigkeit tun wirst, funktioniert auch, ohne daß du es bildlich siehst. Dein Entschluß, dich zu befreien und die Hilfe der geistigen Welt dazu anzunehmen, steht über allem. Diese Energie wirkt für sich. Du mußt dazu nicht dieses Bild und die Energielinien sehen.

Es ist wichtig, daß du offen bist, daß du dich öffnest, um diesen Schmerz und diese Angst zuzulassen und zu erkennen, daß du göttlich und unsterblich bist und daß dir nichts passieren kann, wenn du diese Abhängigkeit durchtrennst. Du wirst nicht sterben. Du lebst weiter, denn in Wahrheit bist du unsterblich. Du wirst niemals ungeliebt sein, denn in Wahrheit bist du Liebe. Du wirst nicht einsam sein, denn in Wahrheit bist du all- eins und mit allem, was ist, verbunden. (Pause) Du wirst nichts verlieren, denn du kannst nichts verlieren. Du kannst nur Liebe gewinnen. (Pause)

Spüre die Kraft göttlicher Liebe, die jetzt in dich strömt. Spüre diese bedingungslose Liebe, in der du geborgen, gehalten und geliebt bist. (Pause) Spüre die Unendlichkeit deines Seins, die Unendlichkeit der Liebe. (Pause) Spüre, wie Liebe deine Essenz ist und wie nichts, was ist, diese Liebe und alles, was ist, zerstören kann. (Pause) Und spüre, wie auch diese andere Person, dieser andere Mensch, vollkommen ist. Du kannst auch, indem du deine Abhängigkeit losläßt, diese Person nicht wirklich schädigen. Indem du dich befreist, befreist du sie. Auch diese Person hat ein liebendes unzerstörbares Selbst. Du bist nicht verantwortlich. (Pause) Es existiert in Wahrheit nur Liebe. Alles und nichts. Und das ist alles, was ist. (Pause) Vielleicht kannst du die Verbindung zu dieser Person über die bedingungslose Liebe wahrnehmen, wie alles, was ist, in bedingungsloser Liebe eins ist. (Pause) Und nun, wenn du diese Person vor dir siehst, sprich folgende Worte laut oder in dir:

Ich rufe meine geistigen Führer und Helfer jetzt, um mir zu helfen, um meine Energielinien der Abhängigkeit zu durchtrennen.

(Pause)

Ich rufe Erzengel Michael mit seinem Lichtschwert zu Hilfe, den ich demütig zu erscheinen bitte, genau in dem Moment, nachdem ich folgende Worte gesprochen habe:

Ich will frei sein.

(Pause)

Es ist mein göttliches Geburtsrecht frei, glücklich und geliebt zu sein.

(Pause)

Es ist mein göttliches Geburtsrecht, zur göttlichen Quelle zurückzukehren.

(Pause)

Es ist mein göttliches Geburtsrecht, die/der zu sein, die/der ich bin. (Pause) Es ist mein göttliches Geburtsrecht, frei und in Liebe zu sein. Ich bin frei. Ich bin bedingungslose Liebe. Ich bin alles und nichts. (Pause) Und ich und mein göttliches Selbst durchtrennen jetzt diese Abhängigkeit, die niemals wirklich existiert hat. (Pause) Ich und mein göttliches Selbst rufen jetzt Erzengel Michael zu Hilfe, um dieses Band der Abhängigkeit zu befreien und mit seinem Schwert zu durchtrennen.

Jetzt, in diesem Moment, lasse ich los. (Pause) Ich bin frei. Ich bin frei und alles, was an Abhängigkeit existiert hat, ist verschwunden, und ich werde mich immer wieder daran erinnern:

Ich bin frei. (Pause) Ich erinnere mich daran, daß ich göttliche Liebe bin. Ich erinnere mich an meinen Schwur, an meinen Eid und an die Sehnsucht meines Herzens, zur göttlichen Quelle zurückkehren zu wollen. (Pause)

Entscheide dich und fühle, ob du bereit bist, mit der Zeit mehr und mehr die Abhängigkeiten, in die du dich verwickelt hast, befreien zu wollen, um zu erkennen, daß du unsterblich, ganz und göttlich bist.

Und nimm wahr, wie du ein Stück leichter, freier und unbelasteter bist - und wie dir nichts wirklich etwas anhaben konnte. Nicht die Angst, nicht die Gefühle der Abhängigkeit, wie du dadurch gegangen und ein Stück freier und lichter geworden bist. (Pause) Du bist frei und geliebt. (Pause)

Vielleicht macht dir auch die Vorstellung, frei zu sein, große Angst. Vielleicht wünscht du es dir auf der einen Seite wie nichts sonst, und gleichzeitig hast du unglaubliche Angst davor. Schritt für Schritt, wie soeben, kannst du deine Abhängigkeiten durchtrennen, loslassen. Heute, morgen, und an jedem anderen Tag, in jedem anderen Moment. (Pause) Du bist mutig und ich freue mich über dieses eine "Stück" mehr, über dieses große Stück Befreiung, das in eurer Welt geschehen ist und das unendliche Wirkung auf dich, deine Mitmenschen und alles um dich herum hat, auch wenn du es dir vielleicht nicht vorstellen kannst.

Und nun nimm einfach nur wahr, wie diese Person wieder vor dir steht. Du und sie - ihr seid beide frei. Schau sie an mit dem Gefühl bedingungsloser Liebe und mit einem Gefühl unendlicher Freiheit. Du bist frei, und sie ist frei. (Pause) Und dennoch seid ihr, alle Menschen und alles, was existiert, durch die bedingungslose Liebe miteinander verbunden. Und nun laß diese Person ganz gehen. (Pause) Und atme ganz tief diese neue Freiheit, die du schon immer kennst und kanntest, ein. Du bist frei, um die/der zu sein, die/der du bist. (Pause) Erinnere dich immer wieder: Du trägst letztendlich die Sehnsucht und den Schwur in deinem Herzen, frei, geliebt und glücklich zur göttlichen Quelle zurückzukehren. Dazu ist wichtig, deine Abhängigkeiten und deinen Äng-

sten immer wieder einmal ins Auge zu schauen, so wie du es jetzt erfolgreich getan hast.

Friede (Pause) Liebe (Pause) und Freiheit sind mit dir.

Friede, Liebe und Freiheit sind in dir. Du brauchst nichts zu tun, du bist frei und geliebt. (Pause) Und in Wahrheit bist du unverletzbar und unzerstörbar. In Wahrheit bist du Liebe und frei. Liebe und Freiheit in dir, in jeder Zelle deines Seins. Liebe und Freiheit bist du jetzt und für immer. (Pause) Und mit diesem Gefühl von Liebe und Freiheit kehrst du jetzt zurück, und in dem Gewahrsein und im Bewußtsein, daß du vollkommen bist und nichts anderen wirklich bedarfst.

Frieden, (Pause) Freiheit, (Pause) Frieden in deiner Welt, in dir, (Pause) Frieden, (Pause) Liebe (Pause) und Freiheit in Ewigkeit.

Die Liebe zu dir selbst

Liebe dich selbst so, wie du bist, in jedem Moment. Liebe dich und alles, was existiert, so wie es ist, in diesem und in jedem anderen Moment. Es gibt nichts, was nicht in Liebe angenommen werden darf und in Liebe angenommen ist. Alles, was ist, hat, wie du weißt, seinen Ursprung in unendlichem Sein, in bedingungsloser Liebe. Und so ist alles, was du bist, was du glaubst, zu sein und was du glaubst, nicht zu sein, in Liebe angenommen. Du bist geliebt und du bist vollkommen, und es ist wichtig, dich immer wieder daran zu erinnern.

Es geht darum, nicht zu unterscheiden, das darf sein und das darf nicht sein. Es geht darum, dich so anzunehmen wie du bist mit deinen harten, kompromißlosen Aspekten, ebenso wie mit deiner Sanftheit und deiner Nachgiebigkeit. Es dreht sich um die ganze Palette deines Seins, die ein Ausdruck von dir, ein Ausdruck von Dualität, aber auch ein Ausdruck von allem, was ist, ist. Denn all dies ist in dem Ganzen enthalten. Und Liebe, unendliche Liebe, macht keine Unterschiede, was geliebt werden darf und was nicht. Alles entspringt der göttlichen Liebe und der göttlichen Quelle, auch wenn es für dich schwer zu verstehen sein mag.

Es ist wichtig, daß du lernst, mit dir zu sein; zu sein so, wie du bist, in diesem Moment. Und wenn es Wut und Hader und wenn es Angst,

Kampf und Traurigkeit ist. Sei! Sei mit dem, was ist, in diesem Moment, ohne Urteil, ohne Wertung. Du brauchst diese Gefühle weder unterdrücken noch sie forcieren oder aufbauschen. Laß sie das sein, was sie sind, und sie lösen sich im Nichts auf. Laß dich das sein mit dem, was du bist, in diesem Moment, und du wirst dir den Raum unendlicher bedingungsloser Liebe eröffnen. Du schließt Frieden mit dir und allem, was ist. Es ist so wichtig, daß du immer wieder aufs neue dich annimmst, dich liebst so, wie du bist, daß du sein darfst und bist so, wie du bist, in jedem Moment, und nicht anders. Es ist wichtig, daß du die Bewertungen und Urteile von Gut und Böse, Falsch und Richtig, wie du sein und nicht sein darfst, zur Seite stellst und das lebst, was du bist, in jedem Moment. Selbst wenn es Anteile in dir sind, die du als schlecht bewertest.

Was ist schlecht daran, wütend zu sein? Was ist schlecht daran, einmal streng und hart zu sein? Was ist schlecht daran, ausgelassen zu sein und dich zu freuen? Es ist für dich schmerzhaft, wenn du das eine oder andere unterdrückst, weil es nicht sein darf. Es ist schmerzhaft, wenn du bestimmten Gefühlen und Aspekten in dir eine viel, viel größere Bedeutung gibst, als es ihnen zusteht und ihr natürlicher Fluß wäre. Immer sanft zu sein, verfehlt das Ziel. Sanftheit bekommt eine viel zu große Bedeutung, du wirst abhängig davon und bist nicht mehr frei, das zu sein, was du in diesem Moment bist. Du unterscheidest zwischen Gut und Böse.

Freu dich deiner Existenz, erfreu dich an der Vielfältigkeit deines Seins. Begrenze dich nicht, weil du glaubst, dich nur so oder so lieben zu können. Die ganze Palette des Seins in allem, was existiert, in allen Universen, in der ganzen Existenz, existiert in dir: Es ist ein so kleiner Ausschnitt, wenn du glaubst, dich nur für Sanftheit lieben zu dürfen. Denn wisse, wenn du Sanftheit und Güte für das einzig Wichtige und Erstrebenswerte hältst, dann werden Sanftheit und Güte nicht mehr Sanftheit und Güte sein in vielen Momenten. Denn manchmal lebt etwas anderes in dir, und du stülpst Sanftheit und Güte darüber. Sanftheit und Güte sind dann in jenem Moment nicht deine Wahrheit, sind letztendlich nicht dein wahrer Ausdruck für diesen Moment.

Natürlich bist du in Wahrheit Liebe, unendliches Sein. Du bist nicht Wut, aber du bist auch nicht Sanftheit. Du bist alles, was ist, alles, was existiert. Alles ist in dir, und alles löst sich, wenn alles sein darf, auf.

Ein ganz, ganz wichtiger Schlüssel zur Selbstliebe ist der, deine Bewertungen aufzugeben, von dem, wie du zu sein und nicht zu sein hast, von dem, was ein guter und ein schlechter Mensch ist, von dem, was du glaubst, was gut und schlecht ist. Du bist all das, und all das darf sein und darf in dir geliebt und angenommen werden. Es ist ungeheuer schwierig, weil ihr von Kind auf, sei es durch die Eltern, durch die Umgebung, durch die Gesellschaft oder auch aus vergangenen Leben, Bilder in euch tragt, was Gut und Böse, was Falsch und Richtig ist, was geliebt und nicht geliebt werden darf. Und diese Trennung, diese Spaltung, erzeugt unendlich viel Schmerz, unendlich viel Leid. Ihr glaubt, das Gegenteil zu bewirken, wenn ihr in Falsch und Richtig, Gut und Böse unterscheidet, daß dann gute Dinge passieren und ihr viel Lied verhindern könnt. Aber das ist nicht wirklich der Fall. Das, was Leiden verursacht, ist die Trennung, ist die Aufspaltung, ist das, daß manches zu viel und anderes zu wenig Gewicht bekommt. Und daß überhaupt unterschiedliche Gewichtungen existieren. Nimm dich so an, wie du bist, mit allem, was du bist ohne dem einen oder anderen in dir eine größere Gewichtung zu geben. Laß sie das sein, was sie sind, ohne sie auf- oder abzuwerten, ohne daß du sie unterdrückst noch künstlich in die Länge ziehst.

Freiheit liegt im Sein, liegt im So-seinlassen, wie du bist und alles, was ist, in diesem und in jedem anderen Moment. Du mußt nicht erst dieses oder jenes erreichen, so oder so sein, um geliebt werden zu können oder dich ein kleines bißchen mehr lieben zu können. Nein, jetzt ist der Moment, dich so zu lieben, wie du bist. Nicht morgen, nicht gestern. Jetzt! Und so, wie du bist, bist du geliebt, angenommen und vollkommen, wenn du dich nur daran erinnerst. Liebe kennt keine Grenzen. Liebe kennt auch nicht die Grenze, dich zu lieben oder nicht zu lieben, abhängig von irgendeinem Verhalten. Liebe liebt. Liebe ist. Liebe ist einfach da. Liebe nimmt alles an so, wie es ist in diesem Moment.

Liebe! Liebe dich selbst. Warte nicht auf den Zeitpunkt, von dem du glaubst, du und das Göttliche können dich erst dann lieben. Der Zeitpunkt wird nicht kommen, wenn du weiter und weiter glaubst, erst wenn ich das oder das erreicht habe, erst wenn ich so oder so bin, kann ich geliebt werden. Jetzt und in jedem anderen Moment kannst du dich fallenlassen in das unendliche Meer bedingungsloser Liebe. Du hast die Erlaubnis, dich mit all dem zu lieben, was du bist, mit all dem, was du als Unzulänglichkeiten empfindest. Du hast die Erlaubnis, nicht bis morgen warten zu müssen und dich erst lieben zu dürfen, wenn du ein besserer und perfekterer Mensch bist, was auf diesem Wege niemals eintreten wird. Du hast die Erlaubnis, und es ist dein Geburtsrecht, dich zu lieben so, wie du bist. Und so, wie du bist, bist du in den Augen der Liebe willkommen und vollkommen. Nicht morgen, nicht übermorgen, jetzt!

Liebe dich mit allem, was du bist. Du bist schon jetzt geliebt. Du warst schon gestern geliebt. Und auch morgen wirst du geliebt sein. Und so war es und wird es immer sein. Du bist geliebt. Und so gib dir endlich die Erlaubnis, dich selbst zu lieben mit all dem, was du glaubst, nicht lieben zu dürfen.

Wenn du dich selbst liebst und dich selbst mit deinen Unzulänglichkeiten annimmst, wirst du alles um dich herum, alles, was existiert, genauso in Liebe annehmen können. Und alles, was du im Außen nicht lieben und nicht annehmen kannst, kannst du in dir selbst nicht lieben.

Und zu guter Letzt, bevor du dich auf die Reise zu der Liebe zu dir selbst in der nun folgender Meditation begibst, möchte ich dir folgende Worte mit auf deinen Weg geben:

Es ist dein Geburtsrecht, dich zu lieben so, wie du bist, jetzt und in jedem anderen Moment. Egal, wie unsicher, egal, wie unvollkommen du dich empfinden magst, du hast das Recht, dich und alles zu lieben, wie es ist.

Meditation: Erfahre die Liebe zu dir selbst

Diese Meditation ist eine Art Energieübertragung durch Worte. Es geht nicht darum, sie wirklich mit deinem Verstand begreifen zu müssen. Es geht darum dein Herz zu öffnen, nichts von dir zu verlangen, nichts zu erzwingen und nichts zu verstehen. Öffne dich einfach und höre zu. Es gilt nichts wirklich zu tun. Es geht nicht darum, dich anzustrengen. Es geht nicht darum, alles richtig auszuführen. Laß los und entspanne. (Pause) Öffne dich für meine Worte und für meine Bilder. Und wenn dir das schwerfällt, dann laß auch das los. Es gibt nichts zu tun, es gibt nichts zu erzwingen und nichts zu bewerten. Sei einfach da. Sei da und öffne dein Herz soweit dir das möglich ist. Und wenn es dir nicht möglich ist, ist auch das in Ordnung.

Egal, was du tust oder nicht tust, du bist geliebt, du bist vollkommen und alles ist in wirklich bester Ordnung. (Pause) Laß los und vertraue. Laß los. Es gibt nichts zu tun. (Pause) Nimm einige tiefe Atemzüge, um dich mehr und mehr zu entspannen. Nimm einige tiefe Atemzüge, langsam und ruhig. (Pause) Nimm einige tiefe Atemzüge der Ruhe und des Friedens. Nimm einige tiefe Atemzüge, damit die Gedanken und die Lasten des Alltags sich aus dir befreien und sich von dir bewegen können. (Pause) Nimm einige tiefe Atemzüge, um dich jetzt ganz in die Tiefe deines Selbst fallen zu lassen. Laß los bei jedem Ausatmen. (Pause) Laß los von allem, was dir jetzt nicht dient. Laß all das los, was der Freiheit deiner Seele und deines Herzens entgegensteht. (Pause) Und nimm wahr, wie du und dein Körper leichter und entspannter werden, ohne etwas erzwingen zu wollen. Es gibt nichts wirklich zu tun. Laß da sein und geschehen, was geschehen und da sein will. (Pause)

Vertraue in die Liebe, die jederzeit anwesend ist, auch wenn du sie nicht spüren kannst. Und auch jetzt ist sie in dir, die unendliche bedingungslose Liebe, in dir und in jeder Zelle deines Seins. Erinnere dich an diesen wunderbaren Nektar bedingungsloser Liebe, der dich nährt, der dich frei und glücklich sein läßt. (Pause)

Und nun gehen wir auf eine Reise, auf eine Reise zu dir selbst. Auf eine Reise zu der Liebe zu dir selbst. Gehe mit mir auf diese Reise, ohne etwas erzwingen zu wollen. Offen und in Liebe. (Pause) Und nun, da du durch die Energie der bedingungslosen Liebe und von deinen geistigen Führern und Helfern geschützt und geführt bist und um ihre Hilfe und Unterstützung bittest, rufen wir jetzt dein eigenes Höheres Selbst, diesen weisen und liebenden Aspekt deiner selbst zu dir. (Pause)

Vielleicht kannst du ihn sehen oder spüren oder einfach nur um seine Abwesenheit bitten. Der Wunsch und die Einladung sind eine starke Energie, die du aussendest. Und selbst wenn du dein Höheres Selbst in diesem Moment nicht vor dir sehen kannst, nicht fühlen kannst als eine Energie, die Gestalt angenommen hat, wisse, sie ist immer bei dir. Du kannst nicht getrennt von deinem höheren, göttlichen Selbst leben. Es ist immer bei dir, in jedem Moment deines Seins. Auch wenn du es nicht spürst, auch wenn du dich dafür nicht öffnest, es ist immer existent und vorhanden, und so vertraue, daß du mit diesem liebenden Aspekt deines Selbst jetzt in Kontakt bist. (Pause) Und wenn du jetzt diesen liebenden, weisen Aspekt deiner selbst vor dir siehst, nimm dir einen Moment Zeit, um in Ruhe mit diesem Aspekt, diesem Wesen, dieser Energie, die jetzt Form angenommen hat, in Kontakt zu treten in der Art und Weise, die dir wirklich entspricht.

Und nun, während diese göttliche Energie, dieser liebende Aspekt deiner selbst vor dir steht, läßt du all die Zweifel und all das, was du an dir nicht lieben kannst, all das, wo du glaubst, anders sein oder dich anders verhalten zu müssen, in dir erscheinen, in dir leben. Nimm wahr, was du an dir selbst nicht lieben kannst:

(Pause)

Ist es etwas an deiner äußeren Erscheinung, an deinem Körper? (Pause) Ist es etwas an deinem Verhalten, an deinem Sein, an deinem Verhalten im Umgang mit anderen Menschen? (Pause) Ist es Leistung und Perfektionismus, was du von dir erwartest und was du glaubst, nicht in dem Maße zu erfüllen, daß du dich lieben könntest? (Pause) Was sind die Aspekte deiner selbst, die du nicht lieben kannst? Für die du dich ablehnst? Und für die du dich bestrafst? (Pause) Wo gehst du sehr hart mit dir um, weil du glaubst, diese Strenge verdient zu haben, weil du dich nicht als ausreichend, als deinen Ansprüchen entsprechend, empfindest?

Nimm die mangelnde Selbstliebe in dir wahr, den Zweifler und Kritiker, Aspekte, für die du dich schämst. Anteile in dir, wofür du glaubst, dich nicht lieben zu können. Anteile in dir, für die du dich bestrafst, die du verleugnest, wo du dich kleiner machst, als du bist. (Pause) Und spüre die Traurigkeit, den Schmerz, den du verursachst, indem du dich mit all dem, was du bist, nicht lieben kannst.

(Pause)

Fühle den Schmerz, der dadurch entsteht, daß du durch deine Wertung und dein Urteil Trennung, Minderwertigkeit und Einsamkeit erschaffst. (Pause) Spüre die Härte und die Kälte, die von deiner Energie, dich nicht lieben und annehmen zu können, ausgeht. (Pause) Laß den Schmerz, die Traurigkeit, das Gefühl zu versagen, oder was immer du fühlst, da sein. Laß die Anteile in dir da sein, die du nicht lieben und nicht annehmen kannst. Sie haben ein Recht auf deine Liebe. Du und dieser Aspekt in dir haben den Wunsch, haben das Verlangen, von dir in Güte und Liebe angenommen zu werden. (Pause)

Wie kannst du dich selbst lieben, wenn du nicht in jedem Moment, indem du existiert, deine Vollkommenheit sehen kannst? Es ist hart und grausam, wenn du dir immer wieder selbst nicht genügst. Es ist grausam, wenn du die Liebe zu dir selbst verleugnest, wenn du vergißt und verleugnest, daß du vollkommen und geliebt bist, jetzt und in jedem anderen Moment. Du bist göttliche Energie mit allem, was in dir existiert. (Pause) Dieser Schmerz darüber, dich selbst nicht annehmen und lieben zu können, ist wirklich grausam und ist mit vielen Problemen deines Lebens verbunden. Im Prinzip ist das die Ursache und der Kern aller Probleme, die existieren.

Und nun wisse noch einmal, egal, wer du bist, egal, was du tust oder nicht tust, du bist göttliche Energie. Du bist Liebe.

Du bist geliebt zu jeder Zeit. Und nimm weiterhin wahr, wo du haderst und wofür du dich selbst nicht lieben kannst. (Pause) Und nun zeige auf einer weißen Leinwand oder auf eine andere Art und Weise deinem liebenden Selbst, diesem Wesen, das vor dir erschienen ist, - das, wofür du dich schämst, das, wofür du glaubst, nicht geliebt werden zu können, oder einfach nur dein Gefühl, zu klein, zu nichtsagend, zu wütend, zu eifersüchtig, zu abhängig, oder was auch immer, zu sein, um geliebt werden zu können.

Trau dich, sei mutig, sieh und fühle, wie dein liebendes Selbst voller Annahme und Liebe ist, ohne Urteil, ohne Zweifel- einfach nur annehmende Liebe. Spüre, daß du keine Angst zu haben brauchst. Du darfst alles, wirklich alles, egal, für wie schrecklich du dich hältst, oder Dinge, die du getan hast, oder Anteile in dir, - alles darfst du zulassen. Es kann und wird dir nichts passieren.

(Pause)

Zeige es deinem liebenden Selbst in deiner Art und Weise, in der Form, die dir entspricht, zum Beispiel auf dieser Leinwand wie ein Film oder in Worten und Sätzen, die du mitteilst oder indem du jetzt lebendig und aktiv dieses Verhalten und diesen Ausdruck deiner selbst, den du bis jetzt nicht lieben konntest, zeigst, - was und wie auch immer. (Pause) Wenn du Angst hast, schau dir ganz bewußt und so offen wie möglich dein liebendes Selbst an, wie es dich einlädt voller Liebe und Annahme, dich mit den Seiten, die du für nicht liebenswert, nicht ausreichend und vielleicht auch verabscheuungswürdig hältst, zu zeigen.

Alles, was ist, du kannst es diesem liebenden Selbst zeigen. Zeige es jetzt. Lebe es jetzt! (Pause) Bleibe in dieser Energie in den Anteilen, die vielleicht verschiedene Gesichter haben und verschiedene Bereiche umfassen, für die du dich nicht lieben kannst. Laß all deine Aspekte des Zweifels, des Urteils und der Abwertung dir selbst gegenüber zu, auch die Scham und die Angst, verletzt zu werden, dafür bestraft zu werden. (Pause) Gib all dem einen Ausdruck, während der von Liebe überströmende, der in Liebe existierende und alles annehmende Teil deiner selbst dir zuschaut. (Pause) Sieh dieses Wesen, diese unglaubliche Güte vor dir und spüre jetzt, wie von diesem liebenden Wesen Liebe ausstrahlt, wie dieses ganze Wesen Liebe ist, wie dein liebendes Selbst, dieses liebende Wesen, Liebe ausstrahlt und dich und den ganzen Raum, die Welt, in der du dich befindest, mit deinen Zweifeln und deiner Angst, mit der Härte und deinen Zweifeln dir selbst gegenüber umhüllt, ausfüllt.

Du zeigst dich und die Aspekte, die du an dir selbst nicht lieben kannst. Und egal, wie abscheulich, wie widerlich, peinlich und unmöglich du sie findest - es gibt nichts, und sei es für dich noch so abgrundtief, was du deinem liebenden Selbst nicht zeigen kannst und darfst. Auch das nimmt dieses liebende, göttliche Wesen an. Du kannst alles zeigen und du darfst alles einfach da sein lassen.

Und wisse, alles, was du glaubst, das du nicht lieben kannst, wofür du dich schämst und wo du Angst hast, nicht zu genügen, wird befreit werden, wenn du es aus dem dunklen Keller der Verbannung holst und wenn du den Mut hast, es deinem liebenden Selbst zu zeigen, - um zu erkennen, daß nichts existiert, das nicht geliebt und durch Liebe angenommen und befreit werden kann.

Alles, was ist, ist göttlich. Auch die für dich verwegensten, unmöglichsten und verdrängungswürdigsten Dinge in dir. (Pause) Spüre die Liebe dieses liebenden Selbst, dieses liebenden Wesens deiner selbst, das dir begegnet, dich in den Arm nehmen und dich mit seiner Liebe umhüllen kann und alles annimmt, was du ihm zeigst, und alles liebt, was existiert. Dein liebendes Höheres Selbst ist Güte, Liebe und Weisheit.

Und wenn du dich mit all dem, wofür du dich nicht lieben kannst, mit all deinen Unvollkommenheiten, diesem Wesen gezeigt und anvertraut hast, dann spüre mehr und mehr, wie die Liebe deines höheren liebenden Selbst zu dir strömt, (Pause) wie sich diese Energie von Liebe, Frieden und Annahme ausbreitet, wie auch deine Angst, deine Wertung und deine Scham von Liebe, Annahme und Güte erlöst werden. (Pause) Laß diese Liebe, diese Güte und diesen unendlichen Frieden zu dir strömen, in dich strömen. (Pause) Zeig all das, was du nicht lieben kannst, deinem liebenden, göttlichen und vollkommenen Selbst (Pause) und nimm wahr, wie Güte, Verständnis und Liebe all deine Ängste und Gefühle der Unzulänglichkeit auflösen.

(Pause)

Nimm wahr, wie die Energie bedingungsloser göttlicher Liebe mehr und mehr zu dir kommt, sich mehr und mehr ausbreitet und alles, was ist, umfaßt.

(Pause)

Laß dir Zeit, um dich zu öffnen für dein liebendes Höheres Selbst. (Pause) Laß die Energie der Liebe wachsen und wachsen, vertraue deine Unzulänglichkeiten dieser Energie an. (Pause) Und je mehr du dich öffnen kannst für dein höheres, dich liebendes Selbst, um so mehr nimmst du wahr, wie du selbst und alles, was ist, alle Zweifel, sich mit deinem höheren göttlichen Selbst zu vereinigen, verschmelzen. (Pause) Wo es nicht mehr nur dich, mit all dem, was du nicht lieben kannst, und dein göttliches, höheres, dich liebendes Selbst und Wesen gibt, wie ihr eins werdet und wie du, je mehr du dich der bedingungslosen Liebe anvertraust, erkennst und fühlst, daß sich Falsch und Richtig, Urteil und Wertung auflösen und daß alles von dir seinen Platz und seine Berechtigung hat. Liebe zu all dem, was du bist. (Pause) Sage ja zu allem, was du bist. (Pause) Und wenn du Widerstände spürst bei verschiedenen Aspekten deiner selbst, bitte um Liebe.

Wiederhole innerlich laut und deutlich:

Ich bin Liebe, und nichts in der Welt, was ich getan habe und was ich bin, ist nicht von Liebe. (Pause)

Vielleicht hilft es dir, um Verzeihung und um Vergebung zu bitten.- Egal wie, vertraue dich der liebenden Energie an, um Befreiung zu erlangen, egal in welcher Form. Egal, welchen Weg du wählst, um dich der Liebe und der Annahme zu öffnen: Bitte dein göttliches und liebendes Selbst, dir einen Weg zu zeigen, dir Hilfe zu geben, damit du glauben und vertrauen kannst, daß du Liebe bist und es nichts gibt außer Liebe, und daß du niemals etwas wirklich falsch gemacht hast, für das du dich dein Leben lang, oder auch nur immer wieder einmal, bestrafst und dich nicht lieben kannst.

Und wieder öffne dich deinem höheren, liebenden Selbst. - Umarme dieses höhere, dich und alles liebende Selbst. (Pause) Verschmelze und laß dich fallen. (Pause) Nimm wahr, wie in der bedingungslosen Liebe alles so sein darf, wie es ist, - alles so existiert, wie es ist. Es existiert alles und nichts. (Pause) Gut und Böse heben sich auf, - Falsch und Richtig. Es existiert nichts und alles. (Pause) Freiheit und Frieden für all das, was ist. (Pause) Und spreche nun folgende Worte und höre, wie du zu dir sagst:

Ich bin Liebe. (Pause) Und das ist alles, was ist. (Pause) Ich bin Liebe. (Pause) Göttliche Liebe, göttliches Sein umhüllt mich.

Ich darf mich lieben. (Pause) Ich darf mich erinnern, daß ich bereits Liebe und nichts als Liebe bin. (Pause) Ich bin geliebt mit all meinen menschlichen Unvollkommenheiten, die so vollkommen sind. (Pause) Ich bin geliebt, und ich liebe mich so, wie ich bin. Jetzt - und in jedem anderen Moment. (Pause) Selbst wenn ich mich einmal nicht lieben kann, kann ich auch das in Liebe annehmen. (Pause)

Und nun atme sie ein, diese Liebe und diese Freiheit (Pause) Atme diesen tiefen Frieden ein und erkenne, daß du und dein göttliches, liebendes Höheres Selbst und deine Ängste und Zweifel eins werden. Es löst sich alles auf,- in dem Frieden der bedingungslosen Liebe. (Pause) Nimm wahr, wie du ganz bist, wie du von göttlicher Energie erfüllt und gehalten bist. (Pause) Nimm wahr, wie jetzt aus deinem Körper mehr und mehr Informationen des Zweifels, der Abwertung und der mangelnden Liebe zu dir selbst herausgehen. (Pause) Stell dir vor, wie sie von dir gehen und in einer Flamme violetten Lichts transformiert und aufgelöst werden. (Pause)

Spüre, wie diese Zweifel und Abwertungen deinen Körper verlassen, wie die Energie der bedingungslosen Liebe sich in jeder Zelle deines Körpers ausbreitet und sich alles, was von Zweifel, von Angst und Abwertung herrührt, in Liebe verwandelt. (Pause) Liebe, diese unermeßliche, unbeschreiblich große Kraft. Sie befreit dich. Sie läßt dich so sein, wie du bist. (Pause)

Nimm Abschied. (Pause) Vielleicht nimmst du Traurigkeit wahr darüber, daß Anteile von Zweifel und Dich-nicht-lieben-können in dir existieren. Du kannst sie gehen lassen und deinem liebenden Höheren Selbst, der Liebe, übergeben. (Pause) Liebe in dir. (Pause) Du bist frei. (Pause) Und wenn du immer wieder einmal spürst, daß mangelnde Liebe und Selbstzweifel in dir existieren, nimm sie in Liebe an, kämpfe nicht gegen sie. Gib ihnen keine Energie, weder in der Form, daß du gegen sie ankämpfst, noch in der Form, daß du dich zu sehr in sie hineinfallen läßt. (Pause) Laß diese Ängste und Zweifel in Zukunft sein, ohne dich mit ihnen zu identifizieren. (Pause) Erkenne, daß du Liebe bist, und nimm deine menschlichen Unzulänglichkeiten an. (Pause) Du bist letztendlich reine Liebe, göttliches Sein. (Pause)

Ein Teil von dir ist als Mensch existent und hat Form angenommen. In dieser Form, in deinem Leben als Mensch, existieren bestimmte Gesetzmäßigkeiten, die es anzunehmen gilt, ohne ihnen Energie zu geben. Du bist Liebe und göttlich, und das ist alles, was ist. (Pause) Liebe (Pause) Liebe, - jetzt in diesem Moment. (Pause) Frieden und Liebe, (Pause)

Liebe für all die Traurigkeit, für all die Schwierigkeiten, ein menschliches Wesen zu sein, das du letztendlich gar nicht wirklich bist. (Pause) Frieden und Liebe für den Irrtum, den Glauben, ein Mensch zu sein und vergessen zu haben, daß du bereits göttlich und vollkommen bist. (Pause) Frieden und Liebe für den Schmerz und die Traurigkeit, daß du vergessen hast und nicht in jedem Moment dein volles göttliches Bewußtsein leben kannst. (Pause) Frieden und Liebe für die Hoff-

nung, daß ihr alle zu Liebe und Göttlichkeit vollkommen erwachen, erstrahlen und erleuchtet werdet. (Pause) Du bist auf dem Weg zu erkennen, daß Nichtliebe ein "böser" Traum, ein Spiel und ein Irrtum ist. Du bist auf dem Weg zu erkennen, daß Göttlichkeit und Liebe dein wahres Selbst sind. (Pause) Du existierst jenseits aller menschlicher Identifikationen und erkennst, daß du Liebe und Göttlichkeit bist. (Pause) All meine Liebe, all die Liebe aller Wesen und der göttlichen Energie für eure Erkenntnis, für eure Heimkehr auch in einem menschlichen Körper zur göttlichen Quelle. Du mußt dazu nicht sterben, du kannst in einem menschlichen Körper in dem Bewußtsein vollständigen Erwachens und vollständiger Liebe leben. (Pause) Liebe bist du in jedem Moment. Erkenne, daß Nichtliebe zwar existiert - aber letztendlich Illusion und Irrtum ist. Gebe ab und vertraue der unendlichen göttlichen Liebe. (Pause) Du bist geliebt, und du bist vollkommen.

Und nun, da Liebe in dir, in deinem Körper und in jeder Zelle deines Seins ist, da du mit deinen Unzulänglichkeiten, mit deinem göttlichen liebenden Selbst verschmolzen bist, trage Liebe zu dir selbst in dein Leben. Liebe dich mit allem, was ist. Du bist geliebt und vollkommen. (Pause) Und wenn du magst, wiederhole folgende Worte wie ein Mantra, langsam in Ruhe und Frieden:

Ich bin Liebe, und das ist alles, was ist.
Ich bin Frieden, und das ist alles, was ist.
Ich bin Liebe, unendliche Freiheit (Pause)
und Liebe in allem was ist. (Pause)

Spüre die Energie der Liebe und des Friedens für dich selbst und alles, was ist. (Pause) Du kannst jederzeit wieder, wenn du dich in Zweifel und Nichtliebe verfangen hast, um Liebe bitten. Du kannst dein göttliches, dich liebendes Selbst zu dir rufen und mit ihm verschmelzen. Du kannst jederzeit wieder die Worte sprechen: Ich bin Liebe, und das ist alles, was ist. (Pause) Ich bin Frieden, unendlicher Frieden, unendliche Stille, alles und nichts. Ich bin Liebe, und das ist alles, was ist. (Pause) In einem für dich geeigneten Moment dankst du dir selbst und deinem göttlichen, liebenden Wesen, die letztendlich eins sind, für die Liebe, die du bist.

Und langsam, langsam nimmst du deine Umgebung mehr und mehr wahr, in dem gleichzeitigem Gewahrsein von Liebe und unendlichem Frieden. (Pause) Du nimmst mehr und mehr deine Umgebung wahr, - du nimmst deinen Körper wahr, und gleichzeitig verläßt du diese Liebe und diesen Frieden nicht. (Pause) Du bist gewahr und in der Energie der bedingunslosen Liebe und des tiefen göttlichen Friedens. (Pause) Du bleibst zentriert und gehst so in dein Leben. (Pause) Du kannst jederzeit und immer wieder zurückkehren. (Pause)

Und nun sei gesegnet mit den Worten:

Alles, was ist, ist geliebt und vollkommen.

(Pause)

Liebe und Frieden.

(Pause)

Einheit.

(Pause)

Vereinigung in dir.

(Pause)

Lebe Liebe und Frieden. Sei Liebe und Frieden.

Dein innerer Frieden

Es existiert so viel Kampf in eurer Welt. Im Großen wie im Kleinen. Ich möchte mit dir über deine Kämpfe, über den Krieg in dir selbst, sprechen und wie du zu mehr Frieden in dir gelangen kannst. Alles, was in der äußeren Welt an Krieg und an Kampf existiert, ist von jedem einzelnen von euch als Teil eines Kollektivs geschaffen worden. Und so nützt es dem Weltfrieden nichts, wenn du nicht beginnst, in Frieden mit dir selbst zu sein. In Frieden mit dir selbst zu sein erscheint dir vielleicht oft als ein schwieriges Unterfangen.

Oft fühlst du dich hilflos und weißt gar nicht, wie du die Unruhe, den Kampf und die Anstrengung in dir zur Ruhe bringen und in dir tiefen Frieden finden kannst. Und auch in deinem Leben, in deinem inneren wie auch in deinem äußeren Leben, tauchen manchmal und immer wieder der Wunsch und die Frage auf, wann dieser Kampf und diese Anstrengungen aufhören.

Du fragst dich, warum dir dies oder jenes geschieht und warum du dich in dieser oder jenen Situation befindest, die dich von deinem inneren Frieden abhält.

Und wisse hier, es gibt nichts und niemanden, der dich von deinem inneren Frieden abhalten kann. Einzig und allein du bist dafür verantwortlich. Wenn du dir der Stille, deines inneren Friedens, gewahr bist, gibt es nichts und niemanden, der dich aus dieser Stille, aus diesem Raum herausholen kann, wenn du dich nicht dazu entscheidest.

Das scheint eine schreckliche Vorstellung, eine schreckliche Nachricht zu sein, daß du für alles verantwortlich bist, was dir in deinem Leben geschieht und widerfährt. Vielleicht ist dir dies nicht neu, vielleicht spürst du Widerstände und glaubst, daß dies nicht der Wahrheit entspricht. Die gute Nachricht ist die, daß du, wenn du für dich und die Umstände deines Lebens voll und ganz verantwortlich bist, es auch du bist, die/der dein Leben so verändern kann, daß du zu innerem Frieden findest und dir deines wahren Selbst in Stille gewahr bist. Es gibt niemanden, der dich davon abhalten kann. Es gibt niemandem, von dem du wirklich abhängig bist, um in dieses Sein tiefer Stille, tiefen Friedens eintreten zu können. Es gibt nichts und niemanden außer dir, der dich wirklich hindern, der dich wirklich davon abhalten kann. Und all die Hindernisse auf deinem Weg, die du verantwortlich machst, daß du deinen inneren Frieden und unendliche Liebe in dir nicht finden kannst, hast du selbst geschaffen, und du bist es auch selbst, die/der sich aus diesen Beschränkungen, aus diesen Hindernissen erheben und der Stille und des tiefen Friedens in dir gewahr werden kann.

Diese Stille, dieser tiefe Frieden, den ich meine, ist nicht der Frieden, der auf einen Krieg folgt, wo der nächste Krieg irgendwann wieder beginnt. Diese Ebene von Frieden, die du im allgemeinen kennst, ist die Ebene der Dualität. Krieg und Frieden. Doch es gibt einen tiefen inneren Frieden, eine tiefe Stille, die jenseits von Krieg und Frieden in der Dualität existiert. Der Frieden, der als Reaktion, als Wechsel auf einen Krieg folgt, ist kein wirklich wahrer Frieden. Der Kampf, der Krieg existiert weiter, denn es ist nur der andere Pol des Krieges, dem der Krieg irgendwann wieder folgen wird. Dieser Raum, diese Stille, dieser tiefe unendliche Frieden existiert jenseits davon, und er kann von nichts und niemandem gestört und berührt werden. Denn alles löst sich in dieser Stille, in diesem tiefen Frieden auf.

Vielleicht kennst du Momente tiefen inneren Friedens, wo einfach Stille, alles und nichts, in dir existiert. In dir, im Außen und in allem, was ist, existiert.

Und so schau einmal, wo in deinem Leben du nicht in Frieden bist, mit dir und allem, was ist. Wo gibst du jemand anderem die Schuld und überträgst ihm die Verantwortung dafür, daß du aus deinem tiefen inneren Frieden gerissen wirst? Wo glaubst du von irgendetwas anderem abhängig zu sein, das entscheidet, ob du in Frieden oder in Unruhe, Hast, Anstrengung, Kampf und Verwirrung lebst? Einzig und allein du hast dir diese Situationen und Umstände geschaffen. Und einzig und allein du bist der- oder diejenige, der/die dich daraus befreien kann, um deinen inneren Frieden zu finden.

Ziele, die du dir setzt und die du glaubst erreichen zu müssen, Eigenschaften und Verhaltensweisen, die du von dir erwartest, Leistung, Anerkennung, Richtig und Falsch - all das können Aspekte sein, durch die du dir deinen inneren Frieden nimmst.

Von außen betrachtet ist es manchmal höchst merkwürdig zu sehen, was du alles unternimmst, um nicht in innerem Frieden mit dir und mit allem, was ist, zu sein.

Du hast vor dieser Ruhe, vor diesem Frieden, vor dieser Stille Angst.

Doch in diesem Moment, in dem du in innerem Frieden mit allem bist, bist du offen und frei, um in Frieden und Liebe der göttlichen Stimme zu folgen und deine göttliche Essenz zu sein. Das ist natürlich für dein Ego, für deine Identifizierungen sehr bedrohlich. Viele Aspekte in dir haben Angst vor diesem tiefen inneren Frieden. Sie lenken dich ab, um dich glauben zu machen, daß Ruhe und innerer Frieden gar nicht existieren oder nur durch sie selbst zu erreichen sind. Und ein ganz wichtiger Punkt dabei ist immer wieder die Angst. Die Angst, nicht gut genug zu sein, wenn du dies oder das nicht tust, die Angst, etwas zu verpassen, die Angst, die Kontrolle zu verlieren.

Die Angst ist eine enorm starke Kraft. Wie ich schon einmal an anderer Stelle erwähnt habe, schenkst du ihr, wenn auch aus deinem Blickwinkel verständlich, viel zu viel Glauben und gibst ihr zuviel Gewicht. Wenn du in der Stille und im inneren Frieden deiner selbst gewahr bist, dann nimmst du all diese Stimmen in dir wahr und du läßt sie sein, ohne irgend etwas zu tun. Sie haben kein Gewicht. Denn aus diesem tiefen inneren Frieden, dieser tiefen Stille heraus bist du dir gewahr, daß all diese Ängste und Gedanken, etwas zu verpassen, nicht gut genug zu sein, dich nicht wirklich berühren können, dich nur gefangen halten wollen, und daß du und deine göttliche Essenz viel, viel größer sind und unzerstörbar. So haben diese Ängste und Zweifel kein Gewicht. Schau dir immer wieder einmal in deinem Leben an, wo du kämpfst, - wo hören die Stimmen, die Gedanken in dir nicht auf, zu plappern, nicht auf, dich in Atmung zu halten, in Anspannung und unter Druck?

Und erinnere dich, du kannst dich entscheiden und du bist verantwortlich dafür, ob du ihnen deine ganze Energie und deinen ganzen Glauben schenkst, oder nicht. - Ob du sie siehst, annimmst und sie so sein läßt, wie sie sind, ihnen aber darüber hinaus keine weitere Bedeutung und Identifizierung gibst und zu deinem inneren Frieden zurückkehrst und ihn gar nicht erst verläßt. Und je nachdem, auf welcher Entwicklungsstufe du dich befindest, wirst du diesen Raum tiefen unendlichen Friedens, unendlicher Stille aus deiner Wahrnehmung immer wieder einmal verlassen. Wisse, du kannst dich jederzeit entscheiden, in Stille und in tiefem Frieden zu sein. Du mußt dich nur erinnern, denn letztendlich bist du zu jederzeit Stille, Frieden, alles und nichts, - unvergänglich, immerwährend und ewiglich. Finde diesen Punkt, dieses Sein in unendlichem Frieden, in unendlicher Liebe.

Um in diesen Raum einzutreten heißt es, immer wieder Frieden zu schließen mit dir selbst und deine Verantwortung für deinen inneren Frieden zu erkennen. Nichts und niemand hat dich jemals aus deinem tiefen inneren Frieden herausgerissen, und nichts und niemand kann es verhindern, daß du für Momente und irgendwann für immer zu diesem tiefen inneren Frieden zurückkehren wirst. Und um deinen inneren Frieden zu finden ist es wichtig, daß du immer wieder losläßt von Rechthaberei, von Macht und Ohnmachtsstrukturen, von Besser und Schlechter, von gewinnen oder verlieren müssen, von irgend etwas erreichen oder sein müssen. All das hält dich in der Art in Bewegung, daß du dich anstrengen und kämpfen mußt. All das hindert dich, dein göttliches Selbst und das, wie die göttliche Energie sich durch dich ausdrücken möchte, zu leben. Nicht einmal zu leben, zu sein.

Du hast oft, obwohl du dich so sehr danach sehnst, so viel mehr Angst vor diesem tiefen inneren Frieden als vor Kämpfen, Anstrengung und Abgelenktsein. Ist es nicht absurd, daß du so viel tust, um das, wonach du dich sehnst, um das, wohin du zurückkehren willst, nicht zu sein, zu verleugnen? Und im viel "Kleineren", schau, wie du ein wenig mehr Frieden in deinen Alltag, in dich, in dein ganz konkretes Leben einkehren lassen kannst. Diese nun folgende Meditation möchte dir helfen, dich zuerst ein wenig und dann immer mehr zu deinem innerem Frieden zu begleiten.

Tiefer innerer Frieden sei in dir und in allem, was ist!

Meditation für deinen inneren Frieden

Diese Meditation ist eine Art Energieübertragung durch Worte. Es geht nicht darum, sie wirklich mit deinem Verstand begreifen zu müssen. Es geht darum, dein Herz zu öffnen, nichts von dir zu verlangen, nichts zu erzwingen und nichts zu verstehen. Öffne dich einfach und höre zu. Es gilt, nichts wirklich zu tun. Es geht nicht darum, dich anzustrengen. Es geht nicht darum, alles richtig auszuführen. Laß los und entspanne. (Pause) Öffne dich für meine Worte und für meine Bilder. Und wenn dir das schwerfällt, dann laß auch das los. Es gibt nichts zu tun, es gibt nichts zu erzwingen und nichts zu bewerten. Sei einfach da. Sei da und öffne dein Herz soweit dir das möglich ist. Und wenn es dir nicht möglich ist, ist auch das in Ordnung.

Egal, was du tust oder nicht tust, du bist geliebt, du bist vollkommen, (Pause) und alles ist in wirklich bester Ordnung. (Pause) Laß los und vertraue. Laß los. Es gibt nichts zu tun. (Pause) Und nimm nun einige tiefe Atemzüge und erlaube deinem Körper, sich ganz zu entspannen. Und nimm wahr, wie du mit jedem Ausatmen Anspannung aus deinem Körper gehen läßt. Wie du mit jedem Ausatmen freier, leichter und lichter wirst.

Atme aus und lasse los.

Lasse los von allem, was ist. (Pause) Von allem, was gewesen ist und von allem, was sein wird. Lasse los von dem Alten, das dich belastet, und auch von dem Alten, das dich erfreut. (Pause) Lasse los von allem, das du bis zu diesem Moment gewesen bist. (Pause) Denke gar nicht darüber nach, laß einfach geschehen. Folge der Energie meiner Worte. (Pause) Mit jedem Ausatmen läßt du ein Stück mehr von dir gehen, läßt du Identifizierungen, - deine Identifizierungen - los. Du bist frei, und du wirst immer freier von all dem, was du jemals gewesen bist. Du wirst jetzt freier, du wirst jetzt frei von all dem, was du glaubst, was gut und böse, falsch und richtig ist. Lasse los von all deinen Beurteilungen, von all deinen Wertungen, von all deinen Vorstellungen und Wünschen, - jetzt in diesem Moment. Mit jedem Ausatmen läßt du los. Mit jedem Ausatmen läßt du deine Gedanken, deine Ängste, deine Sorgen, deine Wünsche, deine Ziele, was immer existiert, los, öffnest dich für diesen Moment. Alles, was gewesen ist läßt du los. (Pause) Und alles, was sein wird, läßt du auch beim nächsten Ausatmen gehen. (Pause) Nimm wahr, wie du, nachdem du ausgeatmet hast, einen Punkt, einen Moment der Stille finden kannst. (Pause) Alles, was auftaucht an Gedanken und Gefühlen, nimmst du wahr.

(Pause)

Du bewertest sie nicht. Du läßt sie da sein.

Du hältst sie weder fest noch versuchst du, sie zwanghaft und angestrengt gehen zu lassen. Wenn du ihnen keine Energie gibst, sind sie einen Moment da und gehen von selbst. (Pause) Und öffne dich immer wieder für die Stille, für das Nichts und für den tiefen Frieden, indem du alles, was ist annimmst, indem du alles, was ist, gehen läßt. (Pause) Es gibt keinen Unterschied zwischen alles anzunehmen und alles gehen lassen. (Pause) Wenn du alles annimmst, kannst du alles gehen lassen, wenn du alles gehen läßt, nimmst du alles an. (Pause) Keine Trennung In der Energie der Liebe löst sich alles auf. (Pause) Nun kehre zurück zu der Stille, zu dem tiefen Frieden, zu der Liebe jenseits all deiner Identifizierungen.

Stille (Pause) und tiefer Frieden sind in dir, jetzt. (Pause) Sein, (Pause) einfaches Sein, (Pause) gewahr sein dessen, was du bist, jetzt in diesem Moment.

(Pause)

Friede in dir, (Pause) um dich herum. (Pause) Friede und Liebe, in allem, was ist. Jetzt, in diesem und in jedem anderen Moment. (Pause) Stille, (Pause) Friede, (Pause) Ewigkeit, (Pause) in diesem Moment. (Pause) Verweile in diesem Raum, im Raum tiefer Stille und tiefen Friedens (Pause). Und dann nimm wahr, wenn es schwer ist für dich, diesen tiefen Frieden, die unendliche Stille in dir zu finden. Nimm wahr was dich hindert, mit dir und mit allem, was ist, in Liebe und Frieden zu sein. Nimm deine Gefühle, deine Gedanken und alles, was auftaucht, an, alles, was dich hindert, in diesen tiefen inneren Frieden in dir und in allem, was ist, einzutreten. (Pause) Nimm einfach nur wahr, wie du dich an den tiefen inneren Frieden und die Liebe zu allem, was ist, erinnerst, an einen Raum, der raumlos ist, in dem alles und nichts ist, (Pause) Stille, Frieden, Liebe. (Pause) Was hindert dich, in diesen Zustand, in dieses Sein, in die Essenz deiner selbst vorzudringen? Wenn es dir möglich ist, nimm wahr, was dich immer wieder aus dieser Ruhe und aus dieser Stille, aus diesem stillen Gewahrsein herauswirft. (Pause) Nimm wahr, was passiert. (Pause) Und auch hier - kämpfe nicht gegen das, was dich hindert, in Frieden mit dir und mit allem, was ist, zu sein. Nimm all das, was du wahrnimmst, an. Es gibt nichts zu tun. (Pause)

Auch das Loslassen beim Ausatmen ist nichts, was du wirklich tun kannst. Auch jetzt gibt es nichts falsch und nichts richtig zu machen. Erinnere dich, (Pause) Friede, (Pause) Stille, (Pause) in dir und in allem, was ist. (Pause) Es gibt nichts zu tun. Sei, jetzt - und in jedem anderen Moment. (Pause)

Und nun bleibe eine Weile in dem Gewahrsein deiner selbst. Verweile in Stille und Frieden. (Pause) Wisse, es gibt nichts wirklich zu tun. Alle Anstrengungen, alle Bemühungen. so oder so sein *zu müssen, irgendetwas richtig und falsch zu machen, alles löst sich auf. Es gibt nichts richtig oder falsch zu machen. (Pause) Alles, was du glaubst, das dich hindert, deinen inneren Frieden zu finden, in Frieden und Stille zu sein, nimm an. (Pause) Nimm an und lasse los. Es gibt nichts wirklich zu tun. (Pause) Frieden sei mit dir und mit allem, was ist. (Pause) Frieden sei mit dir, jetzt und in jedem anderen Moment. (Pause)*

Und nun laß eine Situation vor deinem inneren Auge erscheinen, in der du nicht in Frieden mit dir, einem anderen Menschen oder einer Situation gewesen bist. Und laß sich diese Situation, diesen Zustand, oder was immer es sein mag, mehr und mehr entfalten, so daß sie vor deinem inneren Auge lebendig wird. (Pause) Und nun nimm den Unfrieden und den Hader in dieser Situation bei dieser Begebenheit wahr.

Nimm wahr, welches Gefühl, welcher Gedanke, welche Identifizierung, welche Abhängigkeit oder was auch immer dich hindert, in Frieden mit dir und mit allem, was ist, zu sein, auch in dieser Situation, die vielleicht für dich sehr schwierig ist. (Pause) Alles, was du wahrnimmst, laß da sein. (Pause) Wiederhole und laß die Energie folgender Worte auf dich wirken, die du jetzt laut oder innerlich sprichst: Ich segne mich und diese Situation. (Pause) Ich segne mich und diesen Menschen. (Pause) Ich segne mich, diese Situation und, wenn es einen Menschen gibt, diesen mit den Worten:

Friede in mir und in allem, was ist (Pause) Friede, (Pause) Stille. (Pause) Ich kehre heim zu allem, was ist. (Pause) Alles löst sich auf, Falsch und Richtig, Frieden und Liebe, und das ist alles, was ist.

Und noch einmal:

Ich segne mich und diese Situation und alle Wesen, die damit verbunden sind, mit Hilfe des Göttlichen Vaters und der Göttlichen Mutter. (Pause) Ich segne mich und diese Situation und alles, was damit verbunden ist, und alles, was ist mit den Worten:

Friede und Liebe seien mit mir und allem, was ist. (Pause) Alles, was war, alles, was sein wird, löst sich auf in der Stille, in dem tiefen Frieden und der unendlichen göttlichen Liebe. (Pause) Wenn du den tiefen Frieden fühlen kannst, alles und nichts, dann verweile dort, solange es dir angemessen erscheint. (Pause) Und wenn du magst, kannst du dann eine weitere Situation, einen weiteren Menschen vor deinem inneren Auge erscheinen lassen, mit dem du dich nicht in innerem Frieden befindest, wo du vielleicht beherrscht bist von Wut, Anspannung, Ärger, Hader, Traurigkeit oder was auch immer du empfindest.

(Pause)

Nimm auch dieses Situation ganz klar wahr und laß sie sich mehr und mehr vor deinem inneren Auge entfalten. Lade sie ein, zu dir zu kom-

men und sich dir zu zeigen. (Pause) Und nimm auch hier wieder wahr, was dich hindert, in Frieden mit dieser Situation oder diesem Menschen zu sein. (Pause) Nimm wahr, woran du festhältst, nimm wahr, womit du dich identifizierst, (Pause) wo du bewertest, wo du dich im Recht oder im Unrecht fühlst. (Pause) Nimm all diese Facetten deiner Motivation wahr. (Pause) Und wenn du diesen Konflikt, dieses nicht In-Frieden-sein siehst, dann laß es für einen Moment in dir zu. Laß es sein, laß es da sein, diesen Moment, das Gefühl, nicht in Frieden in dir zu sein. (Pause) Du hast nichts falsch und nichts richtig gemacht. Diese Situation, nicht in Frieden mit dir zu sein, ist so, wie sie ist, - nicht mehr und nicht weniger. (Pause) Und dann segne auch diese Situation mit folgenden Worten:

Ich segne mich und diese Situation.-

Ich segne mich und alles, was ist, mit Hilfe des höchsten göttlichen Seins.

Friede in mir und in allem, was ist. (Pause) Liebe in mir und in allem, was ist. (Pause) Ich bin alles und nichts. (Pause) Frieden und Liebe, jetzt in diesem und in jedem anderen Moment. (Pause)

Und nun laß die Energie dieser Worte in dir wirken. (Pause) Tritt nun wieder ein in diesen unendlichen Raum. (Pause) Und wenn es dir schwerfällt, mit deiner problematischen Situation in Frieden zu sein, wiederhole immer wieder wie ein Mantra:

Ich segne mich und diese Situation und diesen Menschen. (Pause) Ich bin Liebe, ich bin Frieden.

(Pause) Frieden in mir und in allem, was ist. (Pause) Sprich diese Worte langsam aus, langsam und bedächtig, so daß du der Energie der Worte Raum geben kannst, die Energie fühlen und in dir aufnehmen kannst. (Pause) Und wenn du merkst, daß auch das dir schwerfällt, nimm das an, was ist. Selbst wenn es nur ein bißchen mehr Frieden ist, kann das für dich in diesem Moment unendlich viel sein.

Es gibt nichts zu erzwingen, nichts zu tun, nichts zu vergleichen und nichts zu erwarten.

Du hast die Möglichkeit, in jedem Moment in Frieden zu sein. Jetzt, und dann wieder in jedem anderen Moment.

Frieden und Liebe, in dir und in allem, was ist. (Pause) Frieden und Liebe in dir und deinem Leben. (Pause) Frieden und Liebe in deinem Tag, in deinem Tun, in deinem Sein.

Frieden und Liebe in deinen Begegnungen.

Frieden und Liebe in allem, was ist. (Pause) Frieden und Liebe in deinem ganz konkretem Leben.

(Pause)

Frieden und Liebe in jeder kleinen und sei es scheinbar eine noch so unbedeutenden Situation, in jeder kleinen und sei es eine noch so unbedeutenden Tat. Frieden und Liebe, und sei es für dich in einem noch so unbedeutenden Moment. (Pause)

Sieh, wie du anderen Menschen in Liebe und Frieden begegnest. Friede und Liebe, von Bruder zu Bruder, von Schwester zu Schwester, jenseits aller Identifizierungen. (Pause) Und nun laß diese Liebe und diesen Frieden überall da sein, wo es des Friedens und der Liebe bedarf. Laß dein Sein, deine Erinnerung an Friede und Liebe erstrahlen, ohne daß du irgendetwas tust oder irgendetwas bezwecken willst. (Pause) Frieden und Liebe, dort, wo sie gebraucht werden.

Frieden und Liebe, in jedem Stein, in jeder Pflanze, in jedem Baum, in jedem Menschen und in allem, was existiert.

(Pause)

Frieden und Liebe strahlen jetzt in all die Gebiete und in all die Situationen, die von Kampf, Krieg und Zerstörung geprägt sind. (Pause) Frieden und Liebe und die Erkenntnis, daß letztendlich keine Unterschiede existieren.

Frieden und Liebe und die Erkenntnis, daß ihr letztendlich reines göttliches Sein seid, das sich in verschiedenen Formen ausdrückt.

Frieden und Liebe für die Unterschiedlichkeiten, für die Andersartigkeit menschlichen Seins.

Frieden und Liebe für all die menschlichen Identifizierungen, die sich in göttlichem Sein auflösen.

Frieden und Liebe jetzt. (Pause) Frieden, unendliche Stille, unendliches Sein. (Pause) Sei in

Frieden mit allem, was ist. Sei auch in Frieden mit dem, was du an dir nicht so magst, mit deiner Traurigkeit, mit deinem Ärger. Sei in Frieden mit allem, was ist. Sei auch in Frieden mit den Dingen, von denen du glaubst, daß sie nicht das Recht haben, mit dir in Frieden zu sein.

Sei in Frieden auch mit dem, was du nicht so an dir und anderen magst. Besser und Schlechter lösen sich auf in dem Gewahrsein tiefen inneren Friedens.

Frieden und Liebe auf all deinen Wegen. (Pause) Zu einem Zeitpunkt, der dir passend erscheint, wirst du dir dann deines Körpers bewußt. Nimm den Frieden in deinem Körper wahr. Frieden und Liebe. (Pause) Nimm deine Füße wahr, die in Liebe und Frieden die Erde berühren und friedlichen, liebevollen Schrittes deine Wege gehen.

Wege der Liebe. (Pause) Wege des Friedens. (Pause) Sei gesegnet mit den Worten:

Liebe und Frieden sind mit dir.

Dein Vertrauen in die göttliche Kraft und Liebe

Dein Vertrauen in die göttliche Kraft, in göttliches Sein, ist das, was dir hilft, dich aus menschlichen Verstrickungen und Begrenzungen zu befreien, in deinem ganz konkretem Leben deine Arbeit zu tun, zu leben und trotzdem frei zu sein. Das Vertrauen in Gott oder in deine eigene göttliche Essenz, wie immer du es bezeichnen möchtest, ist der Weg zurück nach Hause, ist der Weg, Angst und Gefangensein zu überwinden. Du fühlst dich gehalten, angenommen, unterstützt, und du bist dir bewußt, daß es etwas Größeres gibt als deine Ängste, daß es etwas Größeres gibt als Leben und Tod, als deinen Körper, was jetzt und in Ewigkeit existiert.

Wenn du dich dem Göttlichen in dir und dem Göttlichen im Außen anvertraust, vollständig anvertraust, gibst du die Kontrolle ab, und du wirst geführt: "Es" sagt dir, was es zu tun oder nicht zu tun gilt. "Es" zeigt dir, daß du unsterblich bist. "Es" zeigt dir, daß du viel mehr bist als deine Angst, daß nichts und niemand dich zerstören kann, denn du bist unsterblich, gehalten und vollkommen in der göttlichen Energie. Gottvertrauen läßt dich Wege gehen, die du aus deinem menschlichen, oft beschränkten und kontrollierten Blickwinkel nie gehen würdest, die dich dein Selbst bewußt werden und ihm nah sein lassen. Das Vertrauen in die göttliche Kraft gibt dir Ruhe, Frieden und Sicherheit. Du weißt, es kann dir nichts geschehen. Es kann dir nichts wirklich passieren. Wenn du auf die göttliche Kraft, auf "Gott" vertraust, verliert alles, auch Zweifel und Hader, seine Bedeutung. Sie sind da, aber sie haben kein Gewicht und keine Macht, denn du glaubst ihnen nicht wirklich, daß es irgendetwas gibt, das deine Seele, deine göttliche Essenz zerstören könnte. Im Vertrauen und in der Hingabe an "Gott" und an deine göttliche Essenz lebst du frei und in Frieden.

Letztendlich geht es bei jedem Menschen darum, irgendwann zu vollständigem Gottvertrauen, zu vollständigem Gewahrsein der göttlichen Essenz zurückzukehren. Und so bringt ihr euch selbst immer wieder an Punkte, wo ihr nicht mehr weiter wißt, wo ihr leidet, wo ihr Schmerz fühlt, wo ihr so viel Angst habt, daß ihr glaubt, aufgefressen zu werden. Ihr erschafft euch immer wieder Situationen, in denen ihr an Grenzen eurer menschlichen Kontrolle, eures menschlichen dualen Seins gelangt. Und diese Situationen unglaublichen Schmerzes und unglaublicher Verzweiflung, diese Sackgassen, in denen ihr das Gefühl habt, es geht nicht mehr weiter, zeigen euch eben diese Begrenzungen, daß Macht und Kontrolle euch nicht letztendlich dahin führen können und letztendlich nicht das sind, was ihr wirklich sucht. Sie sind euch dennoch Hilfe, weil ihr euch auf die Suche macht nach etwas, das viel größer ist als euer Ego, etwas, das viel größer ist als das, womit ihr euch identifiziert. Letztendlich, auch wenn es Schmerz für euch bedeutet, sind diese Momente, in denen ihr das Gefühl habt, nicht mehr weiter zu wissen, die euch zu unendlichem Schmerz führen, zu Angst und Verzweiflung oder zu dem Gefühl vom Schicksal bestraft zu sein, so wertvoll. Nur wenn ihr die Grenzen eurer Vorstellung seht und wahrhaftig erlebt, weil der Druck so groß ist, seid ihr oft erst bereit, euch hinzugeben und euch etwas Größerem anzuvertrauen. Eure Identifizierungen und euer Ego machen euch glauben, daß ihr alles in der Hand habt, alles kontrollieren und alles bewältigen könnt und daß sonst nichts existiert.

Du fühlst dich oft so mächtig, so im Recht, als würdest du wissen, was richtig und was falsch ist und wie sich die Dinge zu entwickeln haben. In diesem Irrtum, den du oft lange Zeit nicht erkennst, weil du all dem glaubst und weil die meisten anderen Menschen auch diesen Illusionen unterliegen, werden dir die Beschränkung und die Arroganz nicht bewußt. Doch wenn du merkst, daß diese Form der Kontrolle, daß dieser Glauben und das, was du für Realität hältst, seine Grenzen hat, erst dann, wenn du wirklich unter diesen Grenzen leidest, bist du oft bereit, dich zu öffnen, bist du bereit, den kleinen Blickwinkel menschlichen dualen Seins zu erkennen. Du bist bereit zu erkennen, daß es etwas weit, weit Größeres gibt und daß auch du selbst göttliche Essenz und göttliches Sein, das alles umfaßt, bist. Dann bist du bereit, dich anzuvertrauen.

Sei sicher, daß du die meiste Zeit nur einen kleinen Bruchteil dessen, was ist, wahrnimmst und in diesem Moment diesen kleinen Bruchteil für alles hältst. Das ist Arroganz und Ignoranz, bewußt oder unbewußt. Die Angst hält sich für die Wahrheit, der Kampf hält sich für die Wahrheit, und wenn du dich vollkommen mit der Angst und dem Kampf identifizierst, dann ist das deine Realität. Du bist nicht der Kampf, du bist nicht die Angst und auch der Horizont, den dir die Angst und der Kampf vermitteln, ist so beschränkt. Du hältst es in vielen Momenten für die ganze Welt. Es ist nicht die Welt. Und so gibt es Momente, in denen es wichtig ist, dich fallen zu lassen, dich fallen zu lassen in das unendliche Sein, in die unendliche göttliche Energie, und darauf zu vertrauen, daß dir nichts wirklich passieren kann, außer daß du frei, geliebt, vollkommen und göttlich bist.

Erinnere dich immer wieder daran, dem Göttlichen in dir und in allem, was ist, zu vertrauen. Es ist immer wieder wichtig, wenn du in deinem menschlichen dualen Blickwinkel gefangen bist, dich zu erinnern, daß du göttlich und unsterblich bist und dich dieser Energie und diesem Sein hinzugeben. Du vertraust auf Gott im Außen und in das Göttliche in dir, und je mehr du das tust, desto mehr wirst du dir und dem Leben mit allem, was ist, vertrauen können. Je mehr du Gott vertraust und dem Göttlichen in dir, desto mehr wirst du in deinem konkreten Leben ankommen, desto mehr wirst du den Moment leben können und wirklich wahr und wahrhaftig sein. In Gott zu vertrauen muß nicht heißen, dich aus deinem Leben vollständig zurückzuziehen und dein Leben im Außen aufzugeben, wenn es nicht dein Weg ist.

Es gilt, dir deiner göttlichen Essenz bewußt zu sein, dich ihr anzuvertrauen, und damit wirst du wacher, klarer und mit beiden Beinen mehr im Leben stehen als je zuvor. Du identifizierst dich immer weniger mit Leid und Schmerz, mit den Begrenzungen menschlichen Seins. Sie dürfen existieren. Du läßt sie nur fließen und das sein, was sie sind. Du wirst dir mehr und mehr der Unsterblichkeit deines göttlichen Selbst gewahr und lebst in einem menschlichen Körper das, was es für dich zu leben gilt. Je mehr du die Begrenzung in Liebe annimmst und je weniger du dich mit diesen Begrenzungen identifizierst und dir deiner eigenen Göttlichkeit bewußt bist und dich dem Göttlichen anvertraust, desto mehr kommst du wirklich in deinem Körper und auf der Erde an. All die Begrenzungen und die Ängste hindern dich daran, in einem menschlichen Körper wirklich im Jetzt anwesend zu sein, hindern dich daran, aus der ganzen Kraft deines

Herzens zu lieben. Das Vertrauen in Gott und deine göttliche Essenz führt dich aus den menschlichen Begrenzungen heraus, und du lebst mehr und freier denn je dein konkretes menschliches Leben auf Erden.

Habe den Mut, immer wieder deine Kontrolle gehen zu lassen, deine Begrenzungen zu sehen und dem Göttlichen in dir zu vertrauen.

Habe den Mut, der göttliche Stimme, dem göttlichen Sein in dir zu folgen.

Gottvertrauen, (Pause) Vertrauen in deine göttliche Essenz und alles, was ist.

Meditation zur Aktivierung deines Vertrauens in die göttliche Kraft und Liebe

Diese Meditation ist eine Art Energieübertragung durch Worte.

Es geht nicht darum, sie wirklich mit deinem Verstand begreifen zu müssen. Es geht darum, dein Herz zu öffnen, nichts von dir zu verlangen, nichts zu erzwingen und nichts zu verstehen. Öffne dich einfach und höre zu. Es gilt nichts wirklich zu tun. Es geht nicht darum, dich anzustrengen. Es geht nicht darum, alles richtig auszuführen. Laß los und entspanne. (Pause) Öffne dich für meine Worte und für meine Bilder. Und wenn dir das schwerfällt, dann laß auch das los. Es gibt nichts zu tun, es gibt nichts zu erzwingen und nichts zu bewerten. Sei einfach da. Sei da und öffne dein Herz, soweit dir das möglich ist. Und wenn es dir nicht möglich ist, ist auch das in Ordnung.

Egal, was du tust oder nicht tust, du bist geliebt, du bist vollkommen und alles ist in wirklich bester Ordnung. (Pause) Laß los und vertraue. Laß los. Es gibt nichts zu tun. (Pause) Liebe und Vertrauen. (Pause)

Und nun nimm einige tiefe Atemzüge und erlaube deinem Körper, deinen Muskeln und jeder Zelle deines Seins sich zu entspannen.

(Pause)

Und mit jedem Atemzug entspannst du dich mehr und mehr.

(Pause)

Mit jedem Atemzug läßt du beim Ausatmen Altes gehen und nimmst beim Einatmen neue Energie auf. (Pause) Mit jedem Atemzug verschwindet das, was gestern war und was morgen sein wird. Mit jedem Atemzug kommst du mehr und mehr in diesem Moment an. Mit jedem Atemzug lösen sich Vergangenheit und Zukunft auf. (Pause) Mit jedem Atemzug kehrt ein wenig mehr Stille, ein wenig mehr Frieden in dir ein.

(Pause)

Du nimmst die Stille in dir zwischen zwei Atemzügen wahr. Zwischen Einatmen und Ausatmen, Du nimmst Stille und Frieden wahr. (Pause) Alles, was existiert hat und was für dich von Bedeutung war, löst sich auf, jetzt in diesem Moment.

Alles, was für dich von Bedeutung sein wird, löst sich auf, in diesem Moment. Du bist jetzt, und das ist alles, was ist. (Pause) Und wieder einmal: Versuche nicht das, was ich sage, zu verstehen. Folge einfach nur der Energie meiner Worte. Sei, denke nicht nach. Es gibt nichts falsch und nichts richtig zu machen. Es ist alles so, wie es ist, vollkommen. (Pause) Öffne dich dem Sein. Ohne

Anfang, ohne Ende, weder gestern noch heute, weder falsch noch richtig. Öffne dich dem, was du bist, jenseits aller Identifizierungen. (Pause) Und egal, was du tust, versuche so wenig wie möglich zu tun. Versuche nicht zu kämpfen. Versuche, sein und geschehen zu lassen, was sein und geschehen will. (Pause) Und wenn es Kampf ist, nimm es an, aber wisse, du bist nicht dieser Kampf. Versuche dann, diesen Kampf von Gedanken, von Gefühlen zu beobachten, ohne ihn zu forcieren, ohne ihn zu unterdrücken. Sei ein stiller Beobachter. (Pause)

Und nun vertraue. Vertraue in das, was du bist in diesem Moment. Vertraue in das, was du sein wirst in einem anderen Moment. Und vertraue in diesen und in jeden anderen Moment. (Pause) Vertraue in das göttliche Sein. Nimm dein Vertrauen wahr zu all dem, was ist, zu all dem, was du bist, und zu all dem, was du sein wirst. (Pause) Und das Vertrauen zu dem, was du glaubst nicht zu sein, und dein Vertrauen darin, daß du alles bist. Und daß alles, was ist, "richtig" ist. (Pause)

Betrachte einmal dein Leben und laß eine Situation aufkommen und vor dir und deinem inneren Auge erscheinen, in der du in den Lauf der Dinge, in die göttliche Kraft, vertrauen konntest, als du in die Liebe vertraut hast, als du vertraut hast in die göttliche Energie, in der du dich und deine Identifizierungen zur Seite gestellt und dich geöffnet hast für etwas, das viel größer ist als du mit deinen menschlichen Identifizierungen, als du gebetet, als du "Gott" angerufen hast oder in welcher Form auch immer, eine Situation, in der du dich vielleicht für das Göttliche in dir geöffnet hast. (Pause)

Und nun laß diese Situation vor deinem inneren Auge mehr und mehr erscheinen. Laß sie sich entfalten und laß sie lebendig werden. Nimm mehr und mehr den Moment, die Situation wahr, in der du dich entschlossen hast zu vertrauen. Vielleicht hast du dich bewußt entschlossen zu vertrauen, oder es geschah für dich einfach so. Egal wie, nimm diesen Moment, diese Zeit tiefen Vertrauens wahr, den Moment, dich anvertraut zu haben an einen Raum, an eine Energie jenseits deiner Identifizierungen. (Pause) Laß dieses Gefühl, diesen Zustand jetzt mehr und mehr zu. (Pause) Laß sich dieses göttliche Vertrauen, laß die Hingabe an eine größere Kraft jenseits deiner Identifizierungen in dir erwachen. Fühle diesen Zustand, dieses Sein mehr und mehr in diesem Moment. (Pause)

Und wenn es dir schwer fällt, in dieser Energie zu verweilen, dann gehe immer wieder mit deiner Aufmerksamkeit in die Situation zurück, in der du vollständiges Gottvertrauen hattest, wo du dich hingeben hast, dich der göttlichen Energie anvertraut hast. (Pause) Und verweile immer wieder in der Energie vollständigen Vertrauens in eine göttliche Kraft, in eine göttliche Führung in dir, außerhalb von dir und in allem. Verweile, genieße dieses Sein in vollständigem Vertrauen, in vollständiger Hingabe, an das, was ist, an das, wie die gött-

liche Energie sich in Form durch dich ausdrücken mag. (Pause) Vielleicht erinnerst du dich auch, wie du durch dieses vollständige Vertrauen in die göttliche Energie klare und eindeutige Impulse erhalten hast, jenseits von Angst, jenseits von Kontrolle, jenseits von Urteil und Bewertung. Du wußtest, was es zu tun galt, was deine Aufgabe als nächstes war. Du warst voller Vertrauen in den Lauf der Dinge und vertrautest in die göttliche Kraft, in die göttliche Energie, die in dir und in allem, was ist, existiert. (Pause) Göttliche Energie, göttliche Liebe, Vertrauen in die göttliche Kraft. Jetzt. (Pause) Nimm wahr, wie du dich der göttlichen Energie anvertraust. Sei gewahr, wie du und alles um dich herum göttliche Energie ist. (Pause) Gib dich hin und vertraue. Und so in deiner Zeit verweilst du in diesem Sein, solange es dir angemessen erscheint. (Pause) Auch hier vertraue. Laß dich führen durch die göttliche Kraft. Und wenn es dir schwer fällt zu vertrauen, dich der göttlichen Kraft hinzugeben, sie in dir zu erkennen und in dir leben zu lassen -

nimm wahr, was dich hindert.

Nimm wahr: Was hemmt dich, göttliche Liebe, göttliches Sein zuzulassen? Was hindert dich zu vertrauen?

Nimm wahr, welche Gefühle in dir auftauchen.

Nimm deine Widerstände wahr. Nimm wahr, was dich hindert zu vertrauen, welche Angst, welche Bewertung, welches Urteil, welche Gefühle und Gedanken? Und laß mehr und mehr diesen

Widerstand in dir auftauchen und deutlicher werden, so daß er dir jetzt klarer und klarer wird, so klar, daß du ihn erkennen kannst. (Pause) Und wenn du ihn so siehst und wahrnimmst , - nimm ihn an.

(Pause)

Sei mit ihm, in Liebe und Annahme. Laß göttliche Liebe zu deinem Widerstand, zu deiner Angst fließen, ohne etwas zu tun. Laß es einfach sein.

Laß die Angst und den Widerstand da sein und erkenne, daß du und dein letztendliches Selbst, daß ihr viel größer und vollkommen seid, daß du göttliche Liebe, göttliches Sein, alles und nichts bist. Alles darf existieren, deine Angst, die sich im Gewahrsein deiner eigenen Göttlichkeit auflöst. (Pause) Alles ist, und wenn alles ist und sein darf, löst sich alles in Nichts auf. (Pause) Und nimm wahr, wie es für dich ist, vollständig abzugeben, vollständig zu vertrauen. Deine Kontrolle und Anhaftungen da sein zu lassen, dich gleichzeitig aber dem größeren Ganzen hinzugeben. (Pause) Was ist deine Angst, wenn du dir vorstellst, deine Kontrolle abzugeben, dich deinem wahren Sein göttlicher Liebe, göttlicher Energie anzuvertrauen? (Pause) Nimm genau wahr: Wovor hast du Angst? Hast du Angst, dich aufzulösen? (Pause) Hast du Angst, nicht mehr wichtig genug zu sein? Hast du Angst, nichts Besonderes mehr zu sein? Hast du Angst, daß, wenn du die

Kontrolle abgibst, etwas Bestimmtes geschehen könnte, das du nicht willst? (Pause) Und wenn dem so ist, nimm wahr, was deine Angst ist? Wovor konkret hast du Angst, wenn du die Kontrolle abgibst und vertraust? (Pause) Nimm all deine Ängste und die Gefühle von Kontrolle und vor allen Dingen auch die Angst davor, Kontrolle abzugeben, wahr. (Pause) Was passiert, wenn du dir vorstellst, dich nicht mehr mit diesem oder mit jenem, mit dieser oder jener Eigenschaft oder Art zu sein zu identifizieren? Was passiert, wenn du vertraust und nur dem Ruf folgst, deinem göttlichen Ruf, und den Wegen, zu denen dich die göttliche Energie führt, dich begleitet? (Pause) Fühle, nimm wahr. Was ist deine Angst? Wo hast du dein Vertrauen verloren? (Pause) Wo glaubst du, daß es wichtiger ist, dich mit deinen Zielen, deinen Vorstellungen und deiner Kontrolle zu identifizieren als dir deiner göttlichen Energie, deines göttlichen Seins bewußt zu sein und seine Impulse auszuführen? (Pause) Vertrauen, (Pause) Gottvertrauen, Vertrauen in die göttliche Energie (Pause)

Fühle die Energie dieser Worte: Vertrauen, (Pause) Gottvertrauen, Vertrauen in die göttliche Energie. Hingabe, (Pause) Frieden, (Pause) göttliches Sein. (Pause) Nimm die Energie dieser Worte in dich auf. (Pause) Und wenn du Widerstände spürst, wenn du deine Ängste wahrnimmst, ist es wichtig, daß du sie konkreter und immer klarer werden läßt. (Pause)

Und nun sprich folgende Worte innerlich oder

auch laut, oder folge nur der Energie dieser Worte: (Pause) Ich segne meine Angst. (Pause) Ich segne meine Widerstände. (Pause) Ich segne meine Kontrolle. (Pause) Ich segne all das, mit dem ich mich identifiziere, um mich nicht der göttlichen Quelle anzuvertrauen. (Pause) Ich segne all diese Ängste, ich segne diese Kontrolle. (Pause) Und gleichzeitig erinnere ich mich daran und bin mir bewußt, wie ich selbst viel mehr bin als diese Angst und diese Kontrolle, diese Identifizierung. (Pause) Ich bin göttliche Liebe, ich bin göttliches Vertrauen, ich bin göttliche Energie, und das ist alles, was ist. (Pause) Vertrauen. (Pause) Liebe. (Pause) Göttliches Sein. (Pause) Das ist alles, was ist. Kontrolle und Angst lösen sich in diesem Sein auf.

Kontrolle und Angst existieren als menschlicher Ausdruck. Doch du kannst dich entscheiden, ob du dich vollständig mit deiner Angst und mit deiner Kontrolle identifizierst, oder ob du sie wahrnimmst, annimmst und dich immer wieder der göttlichen Quelle, der göttlichen Liebe anvertraust. (Pause) Und nun kehrst du wieder gänzlich zurück in diese Energie des Vertrauens, in das Vertrauen, von göttlichem Sein und göttlicher Liebe ausgefüllt und geführt zu sein. (Pause) Um in dieses Sein einzutreten, gibt es verschiedene Möglichkeiten, die dir hilfreich sein können. Wähle für dich die Art, die Form, die für dich angenehm ist. (Pause)

Du kannst dich jetzt wieder an eine Situation erinnern, wie du es am Anfang tatest, in der du dieses vollständige Gottvertrauen, dieses vollstän-

dige Vertrauen fühlen und sein konntest. (Pause) Eine andere Möglichkeit ist es, folgende Worte wie ein Mantra zu wiederholen:

Vertrauen, Gottvertrauen, Liebe. (Pause) Ich vertraue in göttliche Liebe und göttliches Sein. Vertrauen, (Pause) Liebe (Pause) und göttliches Sein sind in mir. Ich verbinde mich mit der göttlichen Quelle. Ich vertraue mich ihr an. (Pause) Und ich bin bereit, meine Identifizierungen loszulassen, ein Kanal und ein Empfänger göttlicher Liebe zu sein. (Pause)

Und eine weitere Möglichkeit ist auch die Form eines Gebet oder indem du in deiner Art mit " Gott " redest. Wenn du mit " Gott " redest, vergiß nicht: Die göttliche Energie ist nicht nur außerhalb von dir, auch du und alles, was ist, ist göttliche Energie. Und so kannst du beten und bitten, dich der göttlichen Liebe anzuvertrauen:

Ich bete und bitte um göttliche Führung und um Vertrauen in die göttliche Kraft. (Pause)

Ich bete und bitte, auf all meinen Wegen deine göttliche Stimme zu hören und ihr zu folgen.

Ich bete und bitte, meine Wünsche, meine Identifizierungen wahrzunehmen und letztendlich doch der göttlichen Quelle zu vertrauen.

Und nun, egal welche der drei Möglichkeiten du auch gewählt hast, sei, genieße und verweile in deinem Vertrauen der göttlichen Stimme, der göttlichen Energie zu folgen. Sei, und verweile dort einige Zeit. (Pause) Und aus diesem Sein, aus die-

sem Gewahrsein und aus diesem Vertrauen in die göttliche Energie nimm wahr, in welchen Situationen deines Lebens es momentan schwierig für dich ist, dich deiner göttlichen Essenz anzuvertrauen und dir ihrer gewahr zu sein. In welchen Situationen deines momentanen Lebens ist es dir so wichtig, Kontrolle zu haben, hast du Angst, Kontrolle zu verlieren?

Wo gibst du dich der Illusion hin, daß du etwas anderes bist als göttliches Sein?

Wo gibst du dich der Illusion von Trennung hin und erzeugst Schmerz auf deinem Weg? (Pause) Nimm diese Situation, diesen Bereich in deinem Leben zu dieser Zeit wahr.

(Pause)

Nimm wahr, wo es für dich schwer ist zu vertrauen. (Pause) Und auch hier nimm deine Angst wahr, deine Angst, wenn du deine Kontrolle in Vertrauen wandelst, wenn du deine Kontrolle Kontrolle sein läßt, sie akzeptierst und annimmst und dich dennoch der göttlichen Energie, dem göttlichen Sein anvertraust. (Pause) Nimm auch wahr, welche Gefühle und welche Erwartungen für dich damit verbunden sind, wenn du dich der göttlichen Quelle und dem Fluß deines Lebens anvertraust, wenn du gehalten und geführt wirst, wenn du dich hingibst, wenn du dich hingibst der Liebe, dem Angenommensein. Spüre Liebe, jetzt in *diesem Moment. (Pause) Nimm deinen Widerstand und deine Angst wahr und reiche dennoch dem Göttlichen voll Vertrauen deine Hand.*

(Pause)

Göttliches Sein und göttliche Liebe nehmen dich mit deinen Ängsten an, nehmen dich an mit deinem Wunsch zu kontrollieren, mit deiner Idee, getrennt zu sein und kämpfen zu müssen und daß du nur glücklich bist, wenn es nach dir und deinen Vorstellungen geht. Göttliche Liebe, göttliches Sein läßt all das sein, nimmt all das an. Du brauchst nichts Großartiges zu tun.- Gib dich der göttlichen Energie, göttlichem Vertrauen hin.

Nimm deine Widerstände, deine Ängste , deine Kontrolle mit.

(Pause)

Nimm wahr, wie dich göttliche Liebe mit all deiner Angst, mit all deinen Wünschen nach Kontrolle und deinem Glauben an Trennung, umhüllt, annimmt, dich sein läßt und dir tiefe Liebe und tiefen Frieden schenkt. Alles darf sein, alles, was ist. (Pause) Mit allem, was du bist, mit allen Ängsten, aller Kontrolle und allen Identifizierungen. Gib dich göttlichem Sein, göttlicher Liebe hin. Es gibt nichts wirklich zu tun. Du kannst es nicht wirklich tun. Du kannst dich erinnern und sein, voll Vertrauen, voll Liebe.

(Pause)

Göttliche Liebe, göttlicher Friede in all den Bereichen deines Lebens, jetzt. (Pause) Göttliche Liebe in den Bereichen deines Lebens, wo du kontrollierst, wo du Angst hast. (Pause) Vertrauen und Liebe auch in dem Bereich deines Lebens, wo du noch so sehr glaubst, alles unter Kontrolle haben zu müssen, wo du deiner Angst nachgehst, daß, wenn du nicht deinem Ziel und deinem Wunsch nach Kontrolle nachgehst, etwas Schreckliches oder was auch immer geschieht.

Sieh, wie in alle Bereichen deines Lebens Vertrauen, Liebe und göttliche Energie leben.

Vertrauen - in dich und die göttliche Energie, (Pause) heute, (Pause) morgen, (Pause) gestern.

Vertrauen in die göttliche Energie in Liebe und Frieden, jetzt und in jedem anderen Moment. (Pause) Vertrauen und Liebe in all den für dich problematischen Bereichen.

Vertrauen und Liebe.

Alles ist in Liebe angenommen, und alles löst sich in Liebe auf.

Liebe (Pause) Frieden und Vertrauen (Pause) in dir und in allem, was ist.

Und dann, so in deiner Zeit, nimmst du mehr und mehr wahr, wie du Gottvertrauen in jede Zelle deines Körpers fließen läßt, wie dein ganzes Sein von Vertrauen in dich und die göttliche Essenz er-

füllt ist. (Pause) Du bist göttliche Liebe, göttliches Sein.

Und wenn du gleich mehr und mehr in deiner Zeit in deinen Alltag, in dein Leben, zurückkehrst, dann wisse und erinnere dich, daß du beten und um Gottvertrauen bitten kannst, daß du dich an eine Situation erinnern kannst, wo du voll Vertrauen in die göttliche Liebe, in die göttliche Kraft warst und dieses Sein und diese Energie durch die Erinnerung sich in dir ausbreiten und leben und daß du im Gewahrsein dieser Energie sie auch in Bereiche fließen lassen kannst, wo es dir schwerfällt, Gottvertrauen zu haben.

Und dann erinnere dich an die dritte Möglichkeit - Worte zu sprechen und die Energie der Worte in dir aufzunehmen. Du kannst sie auch wie ein Mantra wiederholen. Oder vielleicht gibt es einen anderen Weg für dich, um dich immer wieder voll Vertrauen der göttlichen Liebe, der göttlichen Essenz hinzugeben und anzuvertrauen.

Erinnere dich, du kannst jeden Moment und immer wieder aufs neue dich der göttlichen Liebe anvertrauen. Du kannst jetzt und in jedem neuen Moment dein Bedürfnis nach Kontrolle und deine Ängste annehmen und dich so voller Vertrauen dem göttlichen Sein, göttlicher Liebe und göttlicher Essenz hingeben. Göttliche Liebe, göttlicher Frieden, Vertrauen und Sein in der göttlichen Kraft umfassen alles, - können dich mit allem, was ist, mit all den Problemen und mit all den Schwierigkeiten halten. (Pause) Du kannst im Vertrauen auf die göttliche Energie, in die göttliche Kraft ein Kanal göttlicher Energie sein und göttliche Impulse erhalten. In dem Vertrauen, in dem Sein in göttlicher Energie bist du frei und leicht. (Pause) Und nun, voll Vertrauen in die göttliche Essenz und in die göttliche Liebe, nimmst du deinen Körper wahr,- deine Füße, Geräusche, Gerüche und all das, was um dich herum existiert. (Pause) Voller Vertrauen und voller Gewahrsein der göttlichen Energie kehrst du in deinen Alltag zurück, um deiner Familie, deinen Freunden, den Menschen, deiner Arbeit und allem, was um dich herum existiert, zu begegnen. (Pause) Und wenn du dein Vertrauen wieder verlierst, nimm deine Ängste und deine Kontrolle wahr. Nimm sie an und reiche dennoch voller Vertrauen göttlichem Sein, göttlicher Liebe deine Hand.

Und wieder einmal:

Es gibt nicht falsch und nichts richtig zu machen.
Du bist bereits vollkommen.
Du bist in Liebe und angenommen.
Vertrauen, Liebe und göttliche Essenz
in deinem Leben und in allem, was ist.

Über die Autorin

Barbara Vödisch war zehn Jahre als Tanztherapeutin in psychiatrischen und suchttherapeutischen Einrichtungen tätig. Ihre persönliche, berufliche und spirituelle Weiterentwicklung und Bewußtwerdung führte sie zu der Arbeit mit Rückführungen, Clearings, Körper, Chakren und Energiearbeit, Tanztherapie, Channeling und Prana Healing. Sie ist auch Aura Soma Beraterin und Lehrerin. In der letzten Zeit konzentrierte sich ihre Arbeit immer mehr auf die Übermittlung von Büchern und auf ihre Aufgabe als Tanz- und Energiemedium. Es ist für sie eine große Freude, jetzt auch Seminare in medialem Tanz anbieten zu dürfen.
Ihre Aufgabe ist es auch, Menschen zu helfen, sich ihrer göttlichen Essenz mehr und mehr bewußt zu werden und sich immer wieder vom Schleier der Dualität zu befreien und das Göttliche im Alltäglichen zu leben.
Sie gibt Seminare, Vorträge und Einzelsitzungen und ist über folgende Anschrift erreichbar (bitte Anfragen mit frankiertem Rückumschlag):

Barbara Vödisch
Postfach 13 33
83203 Prien

Barbara Vödisch hat im Smaragd Verlag bereits eine Reihe von Büchern herausgebracht – siehe folgende Werbung.

Barbara Vödisch

Lady Nada: Botschaften der Liebe

196 S., DIN A 5, Softcover, ISBN 3-926374-75-6

Hier ist die Antwort der geistigen Welt zu einem Thema, das die Menschheit seit jeher bewegt hat.
Nada, Aufgestiegene Meisterin, spricht über das Thema Liebe in all seinen Facetten: Die Liebe zu sich selbst und zu anderen; zu Pflanzen und Tieren; Kontakt mit der geistigen Welt – das sind nur einige Themen dieses Buches, aus dem so viel Liebe strömt, daß einem bei der Lektüre ganz warm und das Herz ganz weit wird.

Barbara Vödisch

Botschaft von Andromeda – Lebe den Himmel auf Erden

ISBN 3-926374-91-8

Die Wesenheiten von Andromeda sprechen hier erstmals aus ihrer Welt unendlicher Liebe und unendlichen Seins zu uns Menschen. Ihre Botschaft lautet: Unser wahres Zuhause, unser göttliches Selbst und die göttliche Liebe sind nicht außerhalb unseres Selbst und unseres Lebens zu finden, sondern in unserem konkreten Leben auf der Erde.

Barbara Vödisch

Einssein mit Gott – das Ende jeder Suche

192 S., brosch. ISBN 3-934254-08-X

Mit überwältigender Intensität und Dringlichkeit über Wochen, von einer nicht beschreibbaren unendlichen lichten, in in allem enthaltenen Energie erfaßt, empfing die Autorin innerhalb kürzester Zeit diese Durchgaben von "ES", göttliches Sein, das zu uns Menschen spricht, um uns zu helfen, die Einheit mit Gott zu erfahren.
Eins sein mit Gott ist nicht Erleuchteten in Indien, Mönchen oder Asketen vorbehalten. Es ist jedem Menschen zu jeder Zeit möglich.
Dieses Buch räumt daher mit Mißverständnisse und Tabus auf und ermutigt und hilft dem spirituell erfahrenen, aber auch dem unerfahrenen und skeptischen Leser, aller Suche ein Ende zu machen und unendliches göttliches Sein, unendliche göttliche Liebe für immer gewahr zu werden.

Silvia Mutti

Kosmische Essenzen
Tore zum Göttlichen ICH BIN

352 S., geb. ISBN 3-934254-07-1

Diese immens hoch schwingenden Essenzen – aus dem Kosmos gechannelt – dienen als Hilfe, Blockaden und Belastungen der Vergangenheit schneller zu lösen, damit wir die in uns allen schlummernden Potentiale positiv leben und uns so schneller spirituell entwickeln können.
Lichtwesen, Meister, Weltenlehrer und viele andere Wesen aus der geistigen Welt haben durch ihre wunderbaren Energien dazu beigetragen, dieses Essenzenprojekt zu verwirklichen, das unter der Leitung von Jesus Christus steht.
Ein wichtiges Buch für Eltern, die ihre Kinder bereits früh mit Essenzen auf ihrem Weg begleiten möchten und mit zahlreichen Meditationen auch ein wichtiges Arbeitsbuch für Therapeuten und Astrologen.

Melissa Bónya

Die schlanke Hexenküche

128 S., brosch. ISBN 3-934254-21-7

Pfunde einfach wegzaubern, wer wünscht sich das nicht. Wohlfühlgewicht ohne Jojo-Effekt – im Einklang mit der Natur, so wie es die Kräuterfrauen in früherer Zeit praktiziert haben. Altes Wissen, die schlanke Hexenküche, von Melissa Bonya wiederentdeckt, mit Kräutern, Wurzeln, Steinen, Ritualen, Visualisierungen und Meditationen – und mit der Hilfe des Mondes. Ein Buch, das ganz besonders Frauen anspricht, sind sie es doch, die dieses uralte Wissen seit Jahrhunderten in sich tragen.

Worte der Aufgestiegenen Meister

Gesammelt und zusammengestellt von Stella Maris
52 Karten + Begleitheft in einer Box . ISBN 3-934254-13-6

Immerwährende Weisheiten von El Morya, Hilarion, Maitreya, Jesus Christus Sananda, Serapis Bey, Kwan Yin, Lady Nada, Rowena, St. Germain und vielen anderen Aufgestiegenen Meistern.
Man zieht eine Karte als Motto der Woche, um die Energie des einzelnen Meister

oder der Meisterin in sein Leben einzuladen und so den Alltag besser zu bewältigen. Eine praktische Lebenshilfe in einer Zeit der Hektik und des Stresses.

"Der Weg der Erleuchtung liegt in der Entscheidung, sich der göttlichen Kraft zu öffnen und das Göttliche im Alltäglichen zu lieben". (Lady Nada)

Anna Amaryllis

Die Weiße Bruderschaft – Freunde im Licht

160 S. brosch., ISBN 3-926374-52-7

Dieses Buch gibt einen Einblick in das Wirken der Weißen Bruderschaft, zu deren Mitgliedern u.a. Jesus, Daskalos, El Morya, St. Germain, die Indianerin No-Eyes und Yogananda gehören. Es vermittelt Zuversicht, Kraft und Freude all denen, die um die Frunde im Licht wissen und sich diesen Energien öffnen.

Das Einstiegsbuch zum Thema DIE GROSSE WEISSE BRUDERSCHAFT.

Weisheiten der Liebe

Gesammelt und zusammengestellt von Stella Maris
52 Karten + Begleitheft in einer Box
ISBN 3-934254-22-5

Worte der Liebe für den Alltag und ein liebevolles Miteinander, von Heine, Goethe, Coco Chanel, Novalis, Hesse, u.v.a.: Als Liebeserklärung, als Botschaft des Lächelns, als Gedanken der Ruhe in der Hektik des Tages, als Zeichen der Versöhnung nach einem Streit ... Für Liebende und alle, die mehr Liebe in ihr Leben bringen möchten:

"Und könnte ich reden mit Menschen und Engelszungen und hätte der Liebe nicht, so wäre ich ein tönernes Glas und eine hölzerne Schelle." Die Bibel

"Die Liebe ist ein Stoff, den die Natur gewerbt und die Phantasie bestickt hat." Voltaire

"Liebe ist der Endzweck der Weltgeschichte, das Amen des Universums." Novalis

Jason Leen

Die andere Seite der Tür

196 S., DIN A 5, Softcover, ISBN 3-926374-86-3

„Das Schicksal der Erde ist ein völliges Eintauchen in das Wunderbare. Die Trennung von Gott, die sich die Menschheit vorstellt, existiert in Wahrheit nicht." John Lennon schildert über das Medium Jason Leen seinen Einweihungsweg durch die sieben Tempel und lüftet den Schleier des Geheimnisse: Was wird aus uns und der Erde? Eine Botschaft voller Liebe und Hoffnung.

Barbara Ardinger

Meditieren mit der Göttin

Aus dem Amerikanischen von Momo Edel
256 S., Großformat, gebunden
ISBN 3-926374-88-8

Frieden Mitgefühl und Weisheit finden – das ist die Essenz dieser wunderschönen Einweihung in das Herz der Göttin.
Mehr als siebzig geführte Meditationen und Rituale mit der Großen Göttin – u.a. die kraftvolle Säulen-Meditation aus der Kabbala; mit Aphrodite die Herzensliebe wecken; mit Wonder Woman Mut und Stärke gewinnen; mit Hestia den Segen des Hauses sichern; mit Shakti die Weisheit des Körpers erfahren; mit der Weißen Büffelfrau Fehler bearbeiten.
Schließen Sie die Augen ... und laden Sie die Große Göttin ein, Sie mit ihren Meditationen durch den Alltag zu begleiten.

Patricia Monaghan

Magische Gärten

Aus dem Amerikanischen übertragen und bearbeitet von Gina Hellmann
240 S. , Großformat . geb. ISBN 3-934254-15-2

Patricia Monaghan ist Pionierin der spirituellen Frauenbewegung und Autorin einer Reihe Bücher zu diesem Thema, u.a. dem *Lexikon der Göttinnen.*

Magische Gärten zeigt Ihnen, wie Sie einen kleinen unscheinbaren Acker in einen magischen Garten verwandeln können und macht Sie nicht nur mit den praktischen Aspekten, sondern auch mit dem Mythos des Gärtnerns vertraut; verrät Ihnen Tips zur Pflege des Bodens; bringt Gartenrituale und Zeremonien; Meditationen für die Jahreszeiten und die "alten Wege"; hilft Ihnen, Ihren Garten zu weihen; veranschaulicht Pflanzen-Archetypen und –devas; läßt sie den spirituellen Gewinn der Gartenarbeit entdecken; und enthüllt Ihnen schließlich sechzehn phantasievolle Gartenpläne, mit denen Sie den Garten Ihrer Träume schaffen können: Die Einhornwiese, Bastets Katzengarten, zwei Drachengärten, einen Feengarten, einen Hexengarten und viele andere.

Ein wichtiger Beitrag zu der Art und Weise, wie wir mit unserer Mutter Erde umgehen können.
Mit zahlreichen Abbildungen.

Bitte fordern Sie unser kostenloses Verlagsverzeichnis an:

Smaragd Verlag
In der Steubach 1
57614 Woldert (Ww.)
Tel: 02684.978808
Fax: 02684.978805
E-Mail: Smargd-Verlag@t-online.de
www.smaragd-verlag.de

Oder besuchen Sie uns im Internet unter der obigen Adresse.